KB159322

황금, 불멸의
아름다움

# 황금, 불멸의 아름다움

유라시아에서 한반도까지, 고고학으로 본 황금 문화의 탄생과 교류

아시아의 미 20

초판 1쇄 발행 2024년 4월 25일

| | |
|---|---|
| 지은이 | 강인욱 |
| 펴낸이 | 이영선 |
| 책임편집 | 김종훈 |

| | |
|---|---|
| 편집 | 이일규 김선정 김문정 김종훈 이민재 이현정 |
| 디자인 | 김회량 위수연 |
| 독자본부 | 김일신 손미경 정혜영 김연수 김민수 박정래 김인환 |

펴낸곳 서해문집 | 출판등록 1989년 3월 16일(제406-2005-000047호)
주소 경기도 파주시 광인사길 217(파주출판도시)
전화 (031)955-7470 | 팩스 (031)955-7469
홈페이지 www.booksea.co.kr | 이메일 shmj21@hanmail.net

ⓒ 강인욱, 2024
ISBN 979-11-92988-55-9 94910
ISBN 978-89-7483-667-2 (세트)

《아시아의 미Asian beauty》는 아모레퍼시픽재단의 지원으로 출간합니다.

아시아의 미
Asian beauty 20

# 황금, 불멸의 아름다움

유라시아에서 한반도까지,
고고학으로 본 황금 문화의
탄생과 교류

강인욱
지음

서해문집

prologue

영원한 아름다움과 재화의 상징인 황금. 21세기에 들어서 컴퓨터가 발달하고 첨단 기술이 우리 세상을 바꾸어도 우리의 금 사랑은 여전하다. 각종 지수가 난무하는 세계 경제지표에서 꼭 빠지지 않는 것이 금값이며, 경제가 어려워지면 사람들은 금부터 사재기하려 한다. 아무리 전자화폐에 디지털 기술이 발달해서 현금이 사라지고 경제행위가 단순해진다고 해도 황금이 가지는 재화로서 가치는 여전하다. 물론 황금이 세상의 모든 재화를 대표하는 것은 분명하지만, 현대사회에서는 굳이 황금을 쓰지 않아도 더욱 화려하고 아름답게 보일 수 있는 기술과 재료가 많다. 하지만 황금이 소중한 보물로서 인기를 얻은 근본적 이유는 바로 황금이 주는 희귀성과 아름다움에 있다. 황금 매장량은 극히 제한적인 대신에 그 빛깔은 너무나 아름답다. 게다가 황금은 적은 양으로도 넓게 펼 수 있고 다양한 장식으로 만들 수도 있다.

그러니 지구 전역에 걸쳐서 사람들이 황금을 선호하는 일은 당연하다.

황금은 이미 신석기 시대에도 존재했음이 다양한 자료로 확인된다. 6500년 전에 묻힌 불가리아의 바르나(Varna) 고분이 좋은 예다. 불가리아는 우리가 흔히 알고 있는 거대한 문명의 중심지가 아니었으니 우리 생각보다 훨씬 빨리 그리고 널리 황금이 알려져 있었음을 의미한다. 더욱이 당시 황금은 이미 단순한 아름다움을 벗어나서 권력과 재화의 상징으로도 등장했음을 알 수 있다.

이렇듯 황금으로 몸을 두르고 영생을 꿈꾸던 사람들의 욕망은 6000년이 넘게 이어졌다. 이후 이집트 투탕카멘의 황금관, 슐리만이 발굴한 트로이의 황금 등 다양한 역사의 장면마다 황금이 있었다. 황금은 비단 구대륙뿐 아니라 신대륙의 마야와 잉카 문명에서도 널리 사용되었다. 가히 인간이 만들어 낸 거의 모든 문명에서 가장 사랑받는 미적 소재였다는 점에서 진정 인간의 역사와 함께한 대표적 금속이라 할 수 있다.

조금 더 시야를 좁혀서 한국을 포함한 동아시아에서 황금을 보자. 한국은 물론 중국도 금속을 매우 늦게 사용한 편이며, 청동이나 황금의 제련 기술은 초원 지역을 통해서 유입되었다. 중국 신장성에서 약 4000년 전부터 소수의 황금 유물이 출토된다. 이 황금 유물은 만리장성 지대를 중심으로 동쪽으로 확산된다. 약 3500년 전에는 만주 서부까지 확산되어서 황금으로 만든 팔찌, 귀걸이, 목걸이 등이 내몽골 동남부~요서 지역의 샤자뎬 하층문화(夏家店下層文化, 기원전 2000~1500년의 초기 청동기 시대)에서도 발견된다.

이렇듯 동아시아에 본격적으로 황금이 도입된 시기는 약 3500년 전이다. 한국은 2016년에 강원도 정선 아우라지에 있는 약 3300년 전 청동기 시대의 집터 안에서 청동기가 발견되었다. 다만 금속을 사용한 역사가 3000년을 넘지만 정작 청동기시대에 황금은 전혀 확인되지 않는다. 한국과 만주에 황금이 들어오는 시기는 중국의 춘추 시대에 해당하는 기원전 2700~2400년경으로 역동적인 황금 동물 장식이 요서 지역까지 널리 확산되고 나아가서 고조선과 관련이 있는 비파형동검 문화권에도 유입된다. 만약 한국사의 범위를 한반도에만 한정하지 않는다면 이 시기를 한국에 황금이 도입된 시기라고 볼 수 있다.

기원전 4세기를 기점으로 동아시아의 황금 문화는 커다란 변혁기를 맞이한다. 바로 카자흐스탄 지역의 사카계 황금 문화가 중국 만리장성 지대를 통해 널리 확산되었다. 이 시기 사카의 역동적이며 환상적인 황금 문화가 널리 확산된다. 이러한 문화 변화는 초기 흉노의 발흥과 밀접한 관계를 맺는다. 이후 한반도에서 황금 유물이 등장하는 시기는 기원 전후인 약 2000년 전으로, 평양의 낙랑 유적에서 처음 등장했다. 일본에서 황금 유물이 최초로 확인된 때는 야요이 시대에 해당하는 서기 1~2세기다. 물론 일본의 이 황금 유물은 '한왜노국왕(漢委奴國王)'이라는 인장으로 중국에서 준 것이라 본격적 유물이라 보기 어렵다.

본격적으로 남한에서 황금 문화가 융성한 시기는 삼국 시대로, 유라시아 일대에서 훈족의 황금 문화가 발흥하는 '민족의 대이동 시기'에 대응된다. 특히 신라의 황금은 화려함과 초원 지역의 제작 기법을 잘 계승했기 때문에 세계 황금 문화에서 당당히 한 장을 차지한다. 신라의 황금 문화가 발달했던 서기 3~6세기대에 초원을 중심으로 유라시아 일대는 훈족의 대이동 시기를 맞이하여 초원 지역의 영향을 강하게 받은 황금 문화가 각 지역으로 퍼져 나갔다. 부챗살처럼 널리 퍼져 나간 황금 문화의 동쪽 끝이 신라였다.

이 책에서 나는 막연하게 개별 황금 유물의 아름다움을 서술하거나 아름다움의 가치와 스타일을 논하지는 않는다. 사실 이제까지 나온 황금 문화에 관한 책 대부분은 개별 황금의 아름다움과 스타일에 집중해 왔다. 하지만 고고학이라는 학문은 미적 가치 자체의 아름다움에만 매몰되지 않고 고대사회에서 그 미적 가치가 지니는 의미를 밝히는 데 중점을 둔다. 아름다움을 대표하는 황금 유물이 유라시아에서 동아시아, 한국으로 확장되는 과정은 황금을 매개로 하는 문명 교류의 과정이다. 진정한 황금 문화는 사람들의 문화 교류, 기술, 부의 축적이라는 여러 사회적 현상과 연동해서 해석해야 한다.

황금은 최고의 예술 소재였기에, 지역을 불문하고 황금을 얻고자 하는 사람들로 원거리 간 교류가 이어졌고 이는 사회 발전의 원동력이 되었다. 동시에 황금은 인간의 욕망, 권력의 상징이기도 하다. 그리고 그 권력과 욕망은 통제되고 소수의 사람에게만 허용되었다. 필자가 주목하는 황금의 아름다움이 가지는 당시 사회에서의 가치는 바로 여기에 있다.

이 책에서는 문명 간 교류의 상징인 실크로드를 통해 동아시아로 유입된 초원의 황금 예술품이 고대문화의 교류와 사회 형성에 미친 가치를 파악하고자 한다. 황금은 찬란함에 가려져 고대사회에서 의미를 제대로 평가받지 못했다. 유라시아에 관한 관심을 구체화하고 그 교류를 재환기하려면 황금 유물에 나타난 아름다움의 동질성을 그들 사이의 문화적 네트워크와 교류라는 키워드로 풀어내는 새로운 접근이 필요하다. 또한, 최근 한국에서는 역사와 고고학계에서 실크로드와 유라시아로 관심을 확대하려는 움직임이 매우 활발하다. 하지만 광활한 유라시아와 실크로드를 파악하는 일은 결코 쉽지 않다. 따라서 인간의 교류 그리고 거시적 아름다움의 흐름을 황금이라는 보편적 가치를 통해서 고찰하는 이 책은 그러한 노력의 구체적 사례가 될 것으로 기대한다.

2장에서는 인간이 황금을 사용하게 된 배경에서 시작하여 초원의 황금 예술의 기원을 살펴보겠다. 그 후 사카(스키타이 시대) 문화와 흉노를 중심으로 북방 유목 문화의 황금 예술이 본격적으로 동아시아에 확산된 과정을 구체적으로 살펴보겠다. 이 작업으로 한국 및 동아시아 고고학에서 애매하게 '북방계' 또는 '초원계'라고 통칭했던 황금 유물을 구체적으로 사카계와 스키토-시베리아 계통의 문화로 대별해서 살펴보겠다.

3장에서는 유라시아에서 중국 북방을 거쳐 한반도로 확산되는 황금 문화의 특징을 하나씩 단계별로 정리했다. 이를 통해서 한반도가 유라시아의 황금문화의 영향으로 황금이 도입되는 과정을 알아보고자 한다. 4장에서는 황금 예술의 확산 과정을 단순한 전파론적 접근에서 탈피해 실크로드를 매개로 초원과 동아시아 간에 형성된 다양한 지역의 네트워크로 설명하고자 한다. 새롭게 도입되는 황금이 동아시아에서 전통적으로 애호되었던 옥기의 전통과 어떻게 결합되고 확산되었는지를 통해 황금 문화의 확산과 정착 과정을 밝히겠다. 한반도에서는 신라 마립간 시기에 황금 문화가 전성기를 맞이한다. 이에 서기 3~6세기 대 유라시아 민족 대이동 시기의 금관과 황금 마스크를 권력과 제사의 독점이라는 관점으로 비교해서 새롭게 보았다.

마지막으로 5장에서는 단순한 고대문화를 떠나서 현대사회의 분쟁 상황에서 희생되고 있는 황금 유물의 발굴과 전시품의 운명을 다루고자 한다. 황금의 미적 가치는 수천 년이 지나도 거의 바뀌지 않는다. 그것은 역설적으로 지역 간 분쟁과 국가 이데올로기의 형성에 고대 황금 유물이 집중적으로 사용됨을 의미한다. 단순한 고대의 유물이 아니라 21세기 현대사회에서 계속 영향력을 유지하고 있음을 확인함으로써 고대에서 현대로 이르는 황금 예술품의 가치를 환기하고자 한다.

황금과 초원이 주는 이미지는 매우 역설적이다. 황금은 온대의 문명에서만 발달했다고 오해하기 쉬우며 반대로 초원은 미개와 야만이라는 이미지로 점철된 것이 사실이다. 나는 이 책에서 그러한 통념을 깨고 그 어느 지역보다 황금을 발달시켰던 유라시아 유목민들의 황금 문화와 그들의 미적 가치를 재평가하고자 한다. 그리고 그들이 동아시아로 전파한 황금 문화를 재평가하여 동아시아 미적 가치의 형성에 이바지한 유라시아 초원의 역할을 밝히겠다. 이러한 작업을 통해서 학계와 사회에서 거의 접하지 못했던 유라시아 최신의 황금 문화를 새롭게 소개하고 신라의 황금 문화를 재평가하는 계기가 될 것으로 생각한다.

I

# 황금 문화의
## 탄생

# 인류의
## 역사와
# 황금

인간이 지닐 수 있는 최고의 아름다움, 재화, 권력 그리고 영생을 상징하는 물질이 바로 황금(원자번호 79)이다. 황금은 신석기 시대에 인간의 역사에 들어오기 시작했으므로, 인간은 적어도 7000년 전부터 황금의 존재를 알고 있었다. 이후 인류 역사가 발전하면서 다양한 소재가 발견되었지만, 여전히 황금이 가진 가치를 능가하지 못한다. 그 이유는 앞서 말한 대로 황금이 다양한 인간의 욕망과 바람을 충족할 수 있는 유일무이한 물질이기 때문이다. 그리고 근대 이후 황금은 미적 가치를 과시하면서 무역과 화폐의 도구(금본위제)로 여전히 가치를 유지하고 있다.

이렇게 인류의 역사와 황금이 함께한 이유는 사피엔스가 지니는 권력, 아름다움을 독점하려는 소유욕이 황금과 잘 연결되기 때문이다. 이러한 황금의 특성은 크게 다음과 같이 정리할 수 있다.

첫 번째로 상징성이다. 황금의 아름다움은 재론할 필요가 없다. 하지만 황금의 아름다움은 단순한 개인적 선호도를 넘어선다. 황금의 찬란한 빛은 태양 빛을 연상하기 때문에 권력과 제사의 상징으로 작용했다. 황금은 아니지만 황금빛을 띠는 청동거울을 사용하는 시베리아와 만주의 샤먼을 예로 들 수 있다. 샤먼들은 태양을 상징하는 황금빛 구리거울을 목에 걸고 태양의 대리인을 자처했다. 또한 고대 이집트에서는 금을 태양과 동일시하여 파라오를 황금의 호루스(태양의 신)로 지칭했다. 성경에서도 황금에 관한 언급이 400차례 이상 나오는데, 특히 《출애굽기》에서는 금송아지와 황금 언약궤처럼 주요한 주제로 등장한다. 화려함은 태양, 나아가서 유일한 권력과 신을 상징하는 도구가 되었다. 이는 권력을 가진 자들이 황금을 독점하려는 의지로 이어졌다. 이렇듯 황금은 단순한 아름다움을 넘어서 인간이 지닌 최고의 가치를 의미하는 상징성이 있다.

두 번째로 영속성이다. 금은 다른 금속과 달리 녹슬지 않는다. 게다가 공기 중이나 물속 또는 열대나 한대 등의 극한 자연환경의 변화에도 전혀 영향을 받지 않는다. 근대 이후 세계적으로 금본위(Gold Standard)라고 하는 경제체계가 확립된 계기는 이러한 영속성에 기인한다. 고대에는 금의 영속성이 곧바로 인간의 영생을 상징하여 왕이나 귀족들에게 널리 사랑받았다. 초원의 황금 인간, 투탕카멘의 황금 마스크와 관 그리고 중국 한나라의 금루옥의 등 세계적 황금제 무덤 유물은 이러한 영속성에 인간의 바람이 결합하여 탄생했다.

세 번째로 희귀성이다. 금의 희귀성은 기본적으로 적은 매장량에 기반한다. 인간이 채굴할 수 있는 금은 25만 톤 정도로 추산되는데, 그중 20만 톤은 이미 채굴되었고 가용한 금은 5만 톤에 불과하다. 그중에서도 바닷속에 있는 금은 채굴이 사실상 불가능하므로 육지의 금을 채굴할 수밖에 없다. 또한 금은 암석에 있는 산금과 강에 있는 사금으로 나뉘는데 산금은 채굴할 수 있는 양은 많다. 하지만 광맥의 분포가 일정하지 않기 때문에 고대 세계에서는 채굴할 수 있는 지역이 많지 않았다. 그 대신 강에서 쓸려 나오는 사금을 얻는 방법이 좀 더 널리 퍼졌다. 사금을 얻을 수 있는 지역은 세계 곳곳에 있기 때문에 비교적 널리 쓰였다. 하지만 많은 노동력과 시간이 필요하다는 단점이 있었다. 이 희귀성은 위신재와 예술품의 기본 조건이기 때문에 아름다움과 동시에 권력을 지배하는 도구로 활용될 수 있었다.

네 번째로 가공성이다. 황금은 우수한 연성(ductility)과 전성(malleability)을 자랑한다. 순금 1그램으로 약 3킬로미터의 금선을 뽑을 수 있고, 두께 0.00025밀리미터의 얇은 금박을 만들 수 있다. 사실상 기술이 허락하는 한 무한정 넓게 펼 수 있다는 뜻이다. 반면에 순금은 아주 무르기 때문에 순금만으로 만들 수 있는 물건은 거의 없고 조금만 누르거나 긁어도 쉽게 흔적이 남는다. 따라서 황금 자체만으로는 금속 재료로서 가치가 거의 없다. 대신에 나무, 옥, 철, 청동, 의복 등 인간이 사용하는 거의 모든 물건을 장식하는 도구로 사용된다. 즉, 황금 자체의 예술성뿐 아니라 인간의 다양한 유물에 결합하는 범용성은 황금이라는 보편적 아름다움이 개별 사회가 가진 미적 가치와 결합하는 계기가 되었다.

다섯 번째로 편의성이다. 가볍고 재활용이 가능하다. 금속으로서 가치는 매우 귀하지만, 매우 적은 양을 넓게 펴서 실용품에 부착할 수 있다. 이러한 편의성은 초원의 유목민족이 황금을 널리 사랑하는 계기가 되었다. 또한, 황금은 다른 금속에 비해서 가공도 편리한 편이다. 황금을 서로 연접할 때는 다른 금속과 달리 높은 온도로 가열할 필요가 없다. 반면 채굴에 드는 비용이 크기 때문에 기존의 황금을 떼어 다시 녹여서 사용하는 재활용이 가장 활발하게 이루어졌다. 유라시아 초원의 유목민들이 남긴 쿠르간(대형고분)의 경우 17~18세기에 집중적으로 도굴이 되었는데, 여기에서 발굴된 황금 예술품 중 상당수는 다시 녹여 금화로 만드는 데에 사용되었다.

여섯 번째로 범용성이다. 황금의 가치는 보편적으로 인지되

었기 때문에 그 범용성은 환금성으로 이어졌다. 리디아왕국의
크리서스(Croesus)가 최초의 금화를 만들어 기원전 6세기에 등장
한 이래 유라시아 일대에서는 널리 화폐를 제작할 수 있었다. 호
메로스의 장편서사시 《일리아드》에서 메넬라오스의 부인인 헬
레네는 파리스와 함께 트로이로 도망친다. 이때 빈손이 아니라
수많은 황금 보물을 들고 갔다. 아마 그리스 국가 경제를 뒤흔들
정도였을 것이다. 파리스는 트로이전쟁을 "헬레네와 그녀의 모
든 보물을 건" 싸움이라고 묘사한다. 단순한 사랑의 전쟁이 아니
라 국가 간 재정을 건 투쟁이었고, 화폐 대신에 왕족의 귀금속이
있었음을 의미한다.[1]

일곱 번째로 교류성이다. 황금은 전 세계 공통으로 미와 재화
의 가치를 지니게 됨에 따라서 원거리 간에 교환되는 예술과 재
화로 기능했다. 이에 따라 그것을 가공하는 기술과 예술 양식의
원거리 간 네트워크(long-distance network)를 형성한다. 황금을 소
유하고 예술품으로 가꿀 수 있는 사람은 극히 한정되어 있으며
원거리에 있었다. 비유하면 파리에서 최고가의 새로운 명품이
등장한다면 그것을 가장 먼저 알고 소비할 수 있는 사람들은 파
리 근처의 소규모 도시보다는 뉴욕의 맨해튼이나 LA의 상류층
일 가능성이 큰 것과 같은 이치다. 이렇듯 고부가가치를 지니며
많은 자원이 필요한 예술 양식의 교류와 이동은 거리보다는 각

집단의 능력에 비례한다. 황금을 가공하고 만드는 양식은 이러한 교류의 정점에 서 있다. 즉, 황금에 반영된 예술과 미적 가치는 고대 지역 간 교류의 정수를 보여 준다. 그러한 고대 지역간 교류의 대표적인 예는 한국에도 있으니, 바로 경주의 계림로에서 출토된, 중앙아시아에서 만들어진 보검이다. 중국과 시베리아 사이에도 비슷한 경우가 있었다. 그 예로 흉노 양식의 황금제 허리띠 장식이 중국 장쑤성 쉬저우 스쯔산(獅子山) 유적에서 출토되었다. 그리고 그와 완전히 똑같은 장방형 패식이 우랄산맥 근처의 사르마트 문화인 자우랄 지역 포크롭카(pokrovka) 쿠르간 17호 2호 묘에서도 발견되었다. 유라시아 초원을 매개로 유럽과 동아시아의 황금 예술이 비슷한 양식을 공유하는 예는 그 밖에도 많다. 이와 같은 원거리의 명품 교류는 유라시아 지역 간 예술적 감성과 기술을 교류하는 원동력이 되었다.

# 황금의
## 채취와
# 장인 집단


## 황금을 얻는 방법

황금이 고대부터 주목받은 데에는 미적 아름다움이 우선 영향을 끼쳤다. 구석기 시대 이래로 사람들이 선호하던 귀금속은 단순한 모양의 비드(bead)류였다. 이후 고온의 금속을 다룰 수 있는 기술을 터득하면서 황금이 인류 문화의 중심으로 편입되었다.

금은 아름다울 뿐 아니라 세월이 지나도 변하지 않으며 가공이 쉽다는 장점으로 세계적으로 애용되었다. 하지만 금은 희소성이 큰 금속인데, 그 이유는 무겁고 매장량이 많지 않아서 채굴이 쉽지 않기 때문이다. 지금과 같이 노천채굴과 터널처럼 광도를 파고 들어가서 금을 캐내는 방법은 로마 시대에 들어서야 등장했다.[2] 그 이전까지는 강바닥에서 사금을 캐내거나 바위 속의 금맥에서 산금을 캐는 방법이 보편적이었다.

그림 1-1. 이집트 고왕국과 중왕국 시절의 금광과 채광용 도끼(El Sid 채굴 유적)와 신왕국 후이(Huy) 무덤 벽화 속 황금 헌상 장면(Klemm D. & Klemm R,. 2008)

산금(山金)은 석영암을 중심으로 하는 산의 광맥에 있다. 산금이 가장 일찍부터 발달한 곳은 이집트다.[3] 기원전 3500년경 동편 사막 쪽에 석영암 광산이 있었으며, 사막에서 금의 함유량이 높은 와디를 발굴한 흔적도 있다(그림 1-1).

이집트 신왕국 시절의 외교와 교역을 잘 보여 주는 아마르나 문서[4]에서는 이집트와 근동 지역이 황금을 교역한 증거가 발견되었다. 바빌로니아, 히타이트, 미탄니 등 근동의 여러 나라는 이집트의 황금을 얻기 위하여 다양한 물건을 보냈다.[5] 심지어 바빌로니아 카다시만 엔릴 1세는 이집트 신왕국 제18왕조 아멘호테프 3세(이집트 개혁으로 유명한 이크나톤의 아버지)에게 '귀국의 먼지처럼 많은 황금이 없으면 우리는 신전을 공사할 수 없다'고 호소할 정도였다. 게다가 18세에 죽고 사후에도 제대로 인정받지 못한 투탕카멘의 무덤에서는 황금관 세 개가 나왔는데 그중 가장 안쪽에 있는 관 하나만 해도 100킬로그램이 넘는다. 젊은 나이에 사망하여 권력이 거의 없었던 투탕카멘이 이 정도였음을 감안하면 실제 이집트의 황금 생산량은 아주 많았을 것이다. 실제로 이집트 동부의 누비아 일대에만 250여 개의 금광이 확인될 정도였다. 이집트가 거대한 피라미드와 신전, 화려한 무덤을 지속해서 만들 수 있었던 배경에는 풍부한 황금과 교역이 있었다.

이집트와 같이 금광이 풍부하고 피라미드와 같은 위대한 건축물을 세울 수 있는 경우는 극히 드물다. 금광이 풍부한 극히 일부 지역 이외에 고대 이래로 금을 얻기 위해 가장 많이 사용한 방법은 사금 채취(placer mining)다. 금맥을 지나가는 물에 휩쓸려서 강바닥에 가라앉은 부스러진 금 조각을 얻는 방법이다.[6] 대부분의 과정을 사람이 직접 해야 하기 때문에 노동력이 많이 드는 대신에 큰 기술이 필요하지 않다는 장점이 있다. 사금 채취는 금이 많이 녹아 있는 강바닥의 모래를 퍼 올려서 채질을 하여 밀도 차이로 가장 마지막에 남는 조각들 사이에서 금을 찾는 방법이다. 그리스 신화의 유명한 '황금 양모(Golden Fleece)' 전설도 관련이 있을 가능성이 크다. 양모를 강물에 담가 사금이 붙게 한 후에 말려서 털어 내 황금을 얻기도 했기 때문이다.[7] 19세기 중반에 미국 캘리포니아의 황금광 시대는 물론 헤이룽장성 근처의 중-러 국경 지역인 젤구타 지역에서는 19세기 말에 사금이 발견되면서 황금광 시대가 열렸고, 심지어는 자치공화국을 선포할 정도였다. 이렇듯 사금 채취는 황금을 얻는 주요한 동인이었다. 따라서 고대 유라시아에서도 사금 채취로써 황금을 얻는 일은 지극히 당연했다.[8]

최근 한국에서는 동호회 수준으로 하루에 약 2그램 정도를 채취할 수 있다고 한다.[9] 다만 현대적 도구와 방법을 사용했을 때

수치이므로 이를 곧바로 고대에 대입하기 어렵다. 좀 더 구체적으로 유라시아 초원의 황금 문화에 드는 인력과 자원을 계산하기 위해서는 19세기 시베리아의 황금광 시대[10]를 참고해 보자. 본격적으로 사금 채취를 시작한 1812년에 16킬로그램을 생산했으며, 알타이 지역은 1860년 통계를 보면 372개의 금광 채굴 회사에서 3만 269명이 투입되어 1071푸드(약 1.75톤)의 황금을 얻었다고 기록되어 있다. 대략 1인당 1년에 57그램 정도를 얻어 낸 셈이다.

사금 채취는 고도의 기계를 쓰지 않고 수작업으로 하기 때문에 고대에도 이러한 수치는 큰 차이 없이 적용할 수 있다. 단순하게 생각해도 러시아 투바 공화국 아르잔(Arzhan) 2호 고분에 부장된 6킬로그램의 황금을 얻기 위해서는 연인원으로 1000명이 넘게 사금 채취에 동원되어야 한다. 물론 이것은 황금 채취뿐이고 세공과 관련된 인원은 따로 계산되어야 한다.

사금을 채취할 때는 패닝 접시 등을 사용하여 상대적으로 비중이 무거운 물질을 골라낸다. 즉, 사금 채취 과정에서 5~30퍼센트의 청동이나 은과 같은 다른 광석이 혼입될 수밖에 없다. 이를 좀 더 순수한 황금으로 제련하여 장신구를 만드는 기술이 갖추어진 후에 비로소 황금 문화가 발달한다고 할 수 있다. 지역에 따라 약간씩 차이가 있으나 기원전 3000년경에는 순도 90퍼센

그림 1-2. 16세기 중국 기록에 나타난 광석 채굴 모습(위, 《천공개물》)과 16세기 말 미국 플로리다에서 사금을 캐는 모습을 표현한 그림(아래, Le Moyne de Morgues, Jacques,d. 1588)

트 이상의 황금이 세계 각지에서 나오게 된다. 중국에서는 서주 시기가 되어서야 순도 90퍼센트 이상인 황금이 등장한다.[11]

중국에서는 명나라 때 편찬된 《천공개물(天工開物)》에 채광하고 황금을 고르는 등 귀한 광물을 얻는 법이 자세히 소개되어 있다. 또한 신대륙에서도 채광하는 기록이 남아 있다(그림 1-2). 동서양, 구대륙과 신대륙을 막론하고 좋은 황금을 얻는 노하우와 노동력 관리는 그 집단의 성패를 좌우할 정도로 중요했음을 의미한다.

## 황금 제작 집단

황금 제작 집단을 이해하기 위해서는 청동기의 확산 과정을 살펴볼 필요가 있다. 고온으로 올리는 기술, 채굴, 정련, 가공이라는 황금을 얻는 과정이 기본적으로 청동의 가공 과정과 같기 때문이다. 유라시아 초원에서 청동기를 만드는 장인들은 기원전 20~15세기 유라시아 전역에 널리 확산된 청동 제련 기술인 '세이마-투르비노 현상(Seima-Turbino Phenomena)'을 널리 확산시킨 주역이다. 이 세이마-투르비노 현상은 대체로 기원전 20~15세기의 안드로노보 문화[Andronovo 또는 Sintashita(신타시타 문화)]라고 하는 전차를 만드는 사람들과 확산되었다. 이 시기 황금은 목걸이, 팔찌 등 주로 여성의 장신구에 등장한다. 또한 청동기에 금도금하는 방식으로도 등장한다. 청동기와 황금을 만드는 집단은 자신의 노하우를 유지하며 각 사회에서 매우 높은 지위를 차지했다. 서부 시베리아의 숩카-2(Sopka-2), 로스톱카(Rostovka) 등을 비롯하여 중국 북방에 거푸집이 대량으로 발견되는 청동기 시대 무덤들이 보이기 때문이다.[12] 청동기는 당시 사회를 지탱하는 기간산업이었기 때문에 원료 채취 및 무기 제작으로 이어지는 과정에 종사하는 사람들은 각 사회에서 높은 지위를 차지했음이 다양한 자료로 증명되었다.

반면에 금을 가공하고 예술품을 만들어 내는 사람들에 관해서는 고대 무덤에서 알 수 있는 사실이 거의 없다. 청동은 대량으로 제련되기 때문에 다수의 거푸집과 제련 시설이 고고학적으로 잘 발견된다. 그러나 황금은 거푸집을 거의 사용하지 않으며(금괴로 사용하는 것은 한참 뒤의 일임), 사금 채취의 예에서 보듯이 청동과 같은 다른 광석과 달리 채취에 다수의 사람을 지속적으로 동원해야 한다. 게다가 사금 채취 현장은 고고학적으로 남기가 거의 불가능하다.[13] 어쨌든 청동과 달리 황금은 재료 자체를 얻는 데 많은 노동력이 동원되는 등 재화가 필요하다. 또한 무기나 제기보다는 작은 장신구에 기술이 집중되었으므로 기술자가 독자적으로 권력이나 지위를 가지기보다는 권력가에게 예속되었을 가능성이 크다.

이러한 황금 공방의 특징은 바로 황금 예술의 특성과 관련된다. 주문자의 기호에 따라 제작되어야 하며 필요한 황금을 얻기 위해서는 많은 시간과 노동력이 필요하다. 즉, 황금 세공 장인들은 독자적으로 예술품을 생산할 수 없으며 그들의 작품을 소비하는 지배계급 그리고 황금 재료를 공급할 수 있는 인력이 지원되는 사회에서만 활동할 수 있었다. 한편, 유목사회에서는 다수의 인원이 한곳에 오랫동안 정착하여 사금을 채취하는 일이 쉽지 않았다. 이에 황금을 직접 채굴하기 어려우면 간헐적 약탈과 도굴을 통하여 자신들에게 필요한 황금 수요를 맞출 수밖에 없었다.

그 결과 청동의 채굴과 제조를 모두 관장하는 청동기 장인들과 달리 황금 자료를 획득하고 제작하는 장인들은 자신들만의 독자적인 지위와 권력을 얻기 힘들었다. 황금을 채굴하는 과정은 필연적으로 잉여 노동력을 동원할 수 있는 지배계급이 담당했다. 반면에 귀한 황금으로 고부가가치 예술품을 만드는 장인들은 특정한 사회에 소속되어 있기보다는 수요에 따라 이동했다. 황금 세공 장인들의 작업은 불규칙적일 수밖에 없다. 청동과 달리 황금은 거푸집이 필요 없고 소규모로 세공하기 때문에 황금 세공 장인은 원거리를 이동하기 쉬웠다. 여기에 거대한 초원을 기반으로 광역의 네트워크를 구축하는 유목사회의 특성이 결합되어 장인들은 장거리를 이동하면서 황금을 세공할 수 있었다. 그 결과 유라시아 초원을 중심으로 황금 세공품을 주문하는 주문자의 기호에 장인들의 세공술이 결합된 작품들이 탄생했고, 이는 유라시아 유목사회에 성립한 초원 황금 문화 예술의 기본이 되었다.

황금을 제작하는 사람들의 사회적 지위는 전국 시대 말기 중국 북방의 오르도스 지역에서 발굴된 초기 흉노의 유적에서 알아볼 수 있다. 오르도스 지역의 기원전 3세기경 무덤인 시거우판(西溝畔) 2호 묘에서는 호랑이와 돼지가 서로 물고 있는 형태의 금장식이 발굴되었다(그림 1-3). 이 유물의 뒷면에는 "一斤二兩十朱少半", "故寺豚虎三" 등의 명문이 새겨져 있었다.[14] 이 명문은 유물 각각의 실제 중량과 이름, 번호를 적은 것으로, 흉노가 중국 내 장인들을 통해서 본인들이 가지고 싶어 하는 유물을 주문 제작했음을 실증하는 귀중한 자료다. 시거우판 유적은 모든 유물이 전형적 유목 문화의 것으로 중원과는 관계가 없다. 흉노 지배계급은 중원의 수공업자에게 흉노인의 구미에 맞는 유물을 주문 제작했으며, 이와 같은 주문 제작 방식은 비단 황금뿐 아니라 칠기를 비롯하여 흉노인들이 선호하는 수많은 위신재 물건에도 적용되었다. 그중에서도 특히 황금은 흉노뿐 아니라 중국

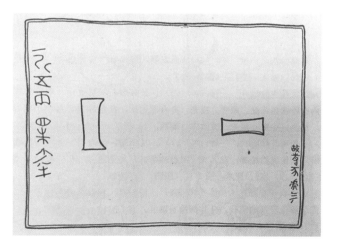

그림 1-3. 시거우판 2호 묘에서 발굴된 황금 장식과 그 뒷면

귀족들 사이에서도 널리 사랑받게 되었다.[15] 이렇듯 국경을 뛰어넘어 제작된 흉노 풍격의 황금 예술품은 한나라 귀족들 사이에서도 널리 유행하게 되었다. 이와 같은 초원 황금 장식 유물의 확산은 황금 문화가 지역이나 국가를 초월해서 어떻게 널리 확산되었는지를 잘 보여 준다.

# 도굴,
## 황금 확보를 위한
# 또 다른 수단


이제까지 황금을 얻는 수많은 방법 중에서 간과되어 온 또 하나의 방법이 있다. 바로 기존의 황금을 녹여서 얻는 것이다. 황금은 고부가가치 금속이고 녹일 경우 거의 손실이 없으며 미적 감각을 발휘하여 새로운 유물을 만들어 낼 수 있다. 재생 금은 힘들게 사금을 채취하거나 채굴해서 황금을 얻는 것보다 비용이 적게 든다는 점에서 고대부터 주로 사용되었다. 사실 이 방법은 의외로 널리 퍼져 있고, 고고학에서 황금 유물에 접근할 때 가장 크게 감안해야 할 부분이다.

그리고 고대 쿠르간이 생긴 이래 거대한 고분을 둘러싼 도굴이 끊임없이 이어져 온 이유이기도 하다. 도굴은 소수의 도적들에 의한 것이 아니라 각 집단이나 민족 간 전쟁의 결과로 이어져 왔다. 그 결과 지금 유라시아 초원에서 육안으로 볼 수 있는 고분 대부분은 이미 고대에 도굴된 상태다. 물론 근대 이후의 도굴

또한 결코 적지 않다.

　도굴을 통한 황금 절취 행위는 유라시아 초원의 유목사회에서 고대부터 현대에 이르기까지 널리 지속되었다. 사실 유목민들은 자신들이 가진 대부분의 인력과 재화를 투자해서 거대한 고분을 짓고 죽은 사람의 주변에는 황금 유물을 넣었다. 집도 없이 사방을 떠돌아다니는 유목민들이 집도 없으면서 거대한 고분을 짓는 이유가 선뜻 이해되지 않을 수도 있다. 유목민 중에서도 특히 거대한 고분에 황금 유물을 남긴 유라시아 초원의 스키타이 시대를 대표하는 사카 문화의 예를 보자. 이들은 흔히 적석계 목곽분[16]이라고 하는 무덤을 만든다. 이 무덤의 중심부 밑에 구덩이를 파거나 지상 위에 통나무로 관을 만들어 무덤을 만든다. 그리고 그 사실을 잘 알고 있는 고대의 도굴꾼들은 무덤 한가운데에 도굴 갱을 파서 도굴했다. 보통 도굴 갱은 직경이 50센티미터 정도도 되지 않게 작다. 어린아이나 몸집이 작은 사람이 간신히 들어갈 정도였고, 가끔은 도굴 갱에서 인골과 도끼가 나오는 경우도 있다. 도굴 중에 사고로 남은 것이다. 도굴꾼들은 무덤방에 도달하면 목실을 깨고 안에 들어가 시신이 입고 있던 황금 옷들과 여러 황금 유물을 꺼내 갔다.

　이러한 황금 도굴은 적대 세력의 완전한 파괴를 의미하기 때문에 더욱 장려된 측면도 있었다. 무덤은 단순히 죽은 자의 거소가 아니라 살아 있는 유목민들이 서로 유목하다 만나서 모이는 장소였으며, 각 부족의 정체성을 상징하는 기념물이었다. 언제나 유목하며 자신의 거주지를 옮기는 유목민들에게는 수도도 왕궁도 없다. 그러니 서로 전쟁이 났을 경우 상대방을 점령하는 상징적 행위로 이미 신격화된 그들 부족장의 무덤을 파괴함으로써 사실상 종말을 고한다고 보았다.[17]

무덤 파괴라는 행위를 통하여 적대 세력의 파괴를 선언하고, 또 거기에서 도굴한 황금을 모아 다시 녹여서 새로운 황금 장식을 만들어 사용하며 족장은 자신의 능력을 과시했다. 또한 획득된 황금 유물은 부하들에게 재분배하여 세력을 유지했다. 이러한 과정에서 적대 세력의 무덤에서 발견되는 황금 예술품은 자신들의 황금 제작 기술로 전달되는 역할을 하기도 했다. 도굴은 유목민에게는 피할 수 없는 운명이었다. 실제로 지금 중앙아시아 초원에서 발견되는 무덤들은 극히 예외적 경우를 제외하면 대부분 심하게 도굴되어 있다.

유목민족의 쿠르간 도굴 행위는 야만적으로 보일지 모르겠지만, 이후 중국에 확산된 황금 문화는 중국에서도 황금 도굴을 촉발하는 계기가 되었다. 몇 가지 예를 들어 보면 기원전 7세기 대의 진공대묘(秦公大墓)에서는 고고학자가 발굴한 결과 100개가 넘는 도굴 갱이 발견되었다. 또한 역사 기록에서도 다양한 시점에서 도굴이 보인다. 예컨대 기원전 3세기 말 초나라 항우가 진 시황의 능을 도굴했다는 일은 유명하다. 적극적으로 도굴했던 사람으로는 서기 2세기 위나라의 조조(曹操, 155~220)가 대표적 이다. 위나라는 도굴을 위한 전문 부대를 두어서 고대 무덤을 약 탈하여 군자금을 조달할 정도였다. 《후한서(後漢書)》〈원소열전 (袁紹列傳)〉에 나오는 '발구중랑장(發丘中郞將)'과 '모금교위(摸金校 尉)'라는 직책이 바로 도굴을 전담했다.

신라와 비슷한 시기에 요령성 서부 지역에서 선비족이 세운 삼연(三燕) 문화에서도 화려한 황금 문화가 잘 남아 있다. 이들의 황금을 노린 도굴도 횡행했는데, 특히 서기 5세기 전연의 왕족 이며 북연을 건국한 풍발(馮跋)의 첫째 동생 풍소불(馮素弗) 묘에 서 잘 드러났다. 이 무덤은 1965년에 발굴되었는데, 풍소불은 서 기 415년에 죽었고 그의 부인도 옆에 같이 묻혔다. 부인 무덤의 인골을 분석한 결과 20~30대의 젊은 여성으로 판명되었다. 보 통 무덤에 시신은 위를 향하여 반듯하게 눕히는 게 정상인데, 부 인의 인골은 특이하게도 한쪽 팔을 밑으로 하고 엎어진 채로 발 견되었다. 또 무덤에는 토기 정도만 남아 있고 귀중품은 발견되 지 않았다. 이를 증거로 부인이 묻히고 시신이 육탈되기도 전에 누군가 도굴했고, 옷에 붙어 있거나 시신 밑에 있는 금붙이를 찾기 위해 시신을 옆으로 들어 엎었음을 알 수 있다.

한편, 러시아의 시베리아에서 도굴된 스키타이 시대 황금 유물로는 표트르대제의 명령으로 수집한 소위 '표트르 컬렉션'이 대표적이다(그림 1-4). 러시아를 근대화한 표트르대제(1672~1725)는 20대 후반인 1698년 네덜란드에 사절단으로 파견되어서 유럽의 문물을 보았고, 이때 막 서양에 생기기 시작한 박물관들도 접할 수 있었다. 당시 시베리아에서는 코사크인들이 경쟁적으로 황금을 찾아다녔다. 물론 사금이 풍부한 강들을 찾는 사람도 있었지만, 곧 사람들은 초원에서 더욱 손쉽게 황금 찾는 법을 알아냈다. 바로 유목민들의 거대한 무덤(쿠르간)을 도굴하여 여러 황금 유물과 시신에 붙어 있는 금장식들을 떼어 내는 것이었다. 이미 17세기 말부터 서양 골동품 시장에서는 시베리아에서 나온 유물들이 거래되고 있을 정도였다. 그런데 더 많은 유물이 한데 녹아 금화로 만들어져서 궁정으로 실려 갔다. 그동안 시베리아에서 세금으로 받아 온 금화의 실체를 알게 된 표트르대제는 시베리아 전역에 도굴을 금하는 명령을 내린다.

표트르대제의 칙령으로 시베리아 도시마다 황금을 도굴하는 자는 엄벌에 처한다는 공문들이 곳곳에 붙었다고 한다. 하지만 실제로는 시베리아 곳곳에 황금이 묻혀 있다는 사실을 차르가 인정한 격이었으니, 도굴은 더 심해졌을 것 같다. 18세기 중반에 시베리아를 답사한 역사가 뮐러(Gerhard Friedrich Müller)에 따르면

그림 1-4. 니콜라스 빗선(1641~1717)의 책《북동타타르지》에 소개된 표트르대제의 황금
컬렉션(위)과 실제 유물(아래)

그의 조사대가 가는 곳곳에서 황금 유물을 들고 구매를 의뢰하는 사람들이 나타났다고 한다. 도굴로 인한 황금 유물의 파괴와 재활용은 이렇듯 인류의 역사와 함께 이어져 왔고, 지금도 계속되는 큰 문제라고 할 수 있다.

# 고대
## 황금 문화의
# 가공 기술

화려한 황금 예술을 보면 도대체 저 세밀하고 놀라운 공예품은 어떻게 만들었을지 궁금증이 든다. 사실 그 문제는 지난 백여 년간 학자들이 고민해 온 문제이기도 하다. 흔히 '노하우'라고 하는 장인들의 다양한 기술 그리고 그들이 가진 화로의 화력, 숙련도, 공임, 기후 등 수많은 변수가 복합되어 나타난 결과이기 때문이다. 그러니 과거의 세공 기술을 완벽히 복원한다는 것은 사실상 불가능하다.

　고대에 황금을 가공하던 장인 집단의 흔적은 남아 있지 않다. 하지만 중세시대 중앙아시아 사마르칸트에서 귀금속을 세공하는 장인의 공방을 발굴한 예가 참고가 된다.[18] 그 안에서는 직경 0.8~1미터 정도 크기의 작은 가마가 발견되었다. 주변에서는 이미 정련해서 들여온 은이나 청동의 덩이와 완제품들도 확인되었다. 재료를 가공한 후에 공방에서 귀금속을 만들었던 분업

체제였으며, 기술이 이미 상당한 수준까지 도달했음을 알 수 있다. 누금세공을 비롯한 다양한 황금 가공 기술은 매우 미세한 세공술이기 때문에 고고학 발굴로 그 도구를 발견하기 어렵다. 대신에 민족지적 자료를 보면 소형 주물 국자, 집게, 가위, 다양한 사이즈의 핀셋, 소형 모루와 망치, 자잘한 거푸집과 금형 등을 사용했다(그림 1-5).[19] 볼가강 불가리아[20]와 이후 제정러시아 시대까지 스키타이 시대의 황금 가공 기술이 큰 차이가 없이 유지되었음을 감안한다면 고대 황금 장인의 모습도 크게 다르지 않을 것이다.

발달된 황금 공예 장인의 세계는 통일신라에서도 확인되었다. 2016년에 경주 동궁과 월지에서 발굴되어 2022년에 공개된 선각단화쌍조문금박 장식이다. 그 크기는 가로 3.6센티미터, 세로 1.17센티미터로 아주 작지만, 그 위에 0.05밀리미터의 선이 시문되어 한국 고대의 공예품 중 가장 정밀하다. 이 정도로 가는 무늬는 철필로 새길 수는 있지만, 정교한 무늬를 넣기 위해서는 확대경이 반드시 필요하기 때문에 그 노하우는 지금도 밝히기 어렵다. 이 정도 작은 무늬는 사실상 외부에서 제대로 볼 수 없을 것이다. 즉 누군가에게 보여 주기 위한 예술품이 아니라 황금 공예 장인이 자신 또는 제사를 위해서 은밀하게 새겼음을 의미한다. 이렇듯 황금 공예에 종사하던 장인들은 시대를 초월하여

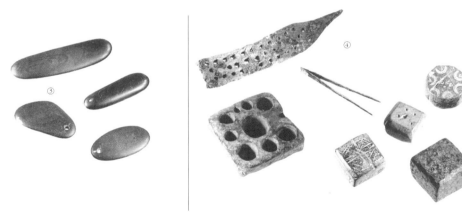

그림 1-5. 러시아 우랄 지역의 서기 10세기 대 황금 장인 유적
① 장인 공방 ② 도가니와 국자(오스톨로프크코에 성터)
③ ④ 시금석과 세공 도구(빌랴르스코에 성터, 루덴코, 2011)

자신들만의 독특한 장인 정신을 다양하게 표현했다.

황금 예술품을 함부로 파괴하거나 조사할 수 있는 경우는 그리 많지 않다. 그러다 보니 학자들이 분석할 수 있는 유물도 무척 제한적이고, 직접 황금 공예 기술을 구사할 수 있는 사람도 거의 없다. 그러니 학자마다 주로 연구하는 유물에 따라 용어도 천차만별이어서 일반인들이 한눈에 쉽게 이해할 수 있는 글은 거의 없다. 그중 한국에서는 전용일(2007)과 주경미(2022)의 연구가 잘 정리되어 있고 고대 유라시아의 청동과 황금의 제작 기술에 관해서는 관선명·손기(關善明·孫機, 2003)와 미나샨(Минасян Р. С., 2014)의 매우 자세한 연구가 있다.[21] 황금 기술은 기본적으로 고온의 화로와 제작 기술 등에서 청동 제작 기술과 그 궤를 같이한다. 다만 훨씬 고가이고 소형이며 장식성이 강하다는 차이가 있다.

제작 기술은 크게 황금의 기본적 형태를 만드는 형성 기법과 형성된 표면에 다양한 문양을 새기는 장식 기법으로 나눌 수 있다. 앞서 언급한 기존 연구를 참고하여 고대 유라시아 유목민들 사이에서 유행한 황금 제작 기술을 황금의 외적 형태를 결정하는 형성 기법 그리고 구체적 문양을 새기는 장식 기법이라는 두 가지 기준으로 나누어서 살펴보면 다음과 같다.

## 1) 형성 기법

• 주조(casting): 거푸집에 녹은 황금을 넣어서 만든다. 주조 기법은 청동기에서는 흔히 쓰인다. 하지만 귀한 금속인 황금을 주조하는 예는 그리 많지 않다. 다만 황금 허리띠를 단범으로 주조한 경우가 있다. 특히 황금에는 실랍법(lost-wax casting)이 사용되었다. 이는 밀랍으로 주형을 만들고 그 안에 녹인 황금을 부어서 밀랍을 녹여 없애고 그 빈 곳을 채우는 방식이다.

• 선뽑기(drawing): 황금덩이를 실처럼 길게 뽑는다. 금실을 서로 묶어서 문양을 내기도 한다.

• 단조: 금괴(ingot) 형태로 만들어진 황금을 넓은 금판으로 만든다. 금은 금속 중에서 전연성이 제일 좋기 때문에 현대 단조 기술로는 쌀알만 한 크기의 황금 1그램을 1제곱미터 넓이로 넓힐 수 있다. 고대에도 장인의 숙련도에 따라서 사실상 거의 반투명 상태까지도 만들 수 있었다.

• 내리기(sinking): 평면의 원판을 망치로 내려쳐서 접시를 만든다. 반구 형태로 깎아 놓은 나무 판 위에 황금 판을 덮고 적당히 두들겨서 만든다. 다른 밑틀이 없이 그냥 늘려서 그릇이나 쟁반을 만드는 기법은 늘이기(stretching)라고 세분하기도 한다. 한국의 전통 유기 제조 기법인 방짜기술도 이 기법의 일종이다.

• 파이프 만들기(tube making): 황금 판을 휘어서 파이프형을

만든다. 가운데에 나무 심을 넣고 그 주변을 감싸고 누른 후에 일정한 크기로 잘라낸다.

• 자르기(cutting): 금판을 가위 등으로 잘라서 표현한다. 아파나시예보(Afanasievo) 문화나 중국 상나라 등 초기 금속공예에서는 자르기와 선뽑기만을 이용하여 귀걸이를 만들기도 했다.

• 덧붙이기(overlay): 금속 판 위에 다른 금속을 덧붙인다. 이어 붙일 때 바탕이 되는 판도 함께 변형될 수 있기 때문에 주의해야 한다. 황금은 높은 온도로 열을 가하지 않아도 잘 붙는 편이라 그냥 금박을 대고 약간의 열을 가하는 정도로도 덧붙이기가 가능하다.

### 2) 장식 기법

• 스탬핑(stamping): 원시적 방법의 하나로 황금에 틀을 대고 해머링 등을 해서 일정한 형태와 무늬를 찍어 내듯이 장식한다. 황금은 스탬핑이라는 가장 원시적이면서 기본적 방법이 효과적으로 사용되기 좋다. 금속 대부분은 일정한 온도 이상으로 높이 가열한 후에 고온의 상태에서 두들기는 풀림(annealing) 그리고 이후 냉각 과정을 거쳐야 한다. 반면에 황금은 이러한 풀림 과정이 필요 없다. 따라서 별도의 가열장치가 필요 없기 때문에 장인들의 이동과 제작이 매우 용이하다.

• 돋을새김(repousse): 타출 기법이라고도 한다. 스탬핑과 함께 가장 오래된 대표적 황금 가공 기법이다. 넓게 편 황금 편의 뒷면을 부드러운 망치로 두들겨서 앞쪽으로 튀어나오게 하여 무늬를 만든다. 평면적 타출(chasing)과 입체적 타출(embossing) 등으로 세분하기도 한다.

• 상감(inlay): 금속 표면에 다른 금속을 끼워 넣는다. 상감 기법에는 금속 표면에 홈을 내고 그 속에 다른 금속을 넣는 선상감과 특정한 면을 넣는 면상감, 황금을 끼워서 넣고 은땜으로 접합하는 절상감, 포목 상감 등이 있다. 한국에서는 고려 시대 금속공예에서 많이 사용되었다. 유라시아 초원 문화에서는 스키타이 시대부터 보석이나 유리 반죽(Pate de verre)을 넣은 것으로 많이 표현된다.

• 누금(granulation): 작은 금속 알갱이를 황금 표면에 붙인다. 우리나라 삼국 시대의 황금 유물에서 가장 흔히 보이는 기법이다. 이는 융점에서 금이 표면끼리 쉽게 녹아서 엉겨 붙는 공정(eutectic bonding, 共晶) 현상에서 기인했다. 즉, 황금 철사를 0.1~0.5센티미터 등 의도하는 크기로 잘라 놓은 다음 각각 열을 가해서 표면이 용융되었을 때 원하는 금 판 위에 신속하게 붙이는 방법이다. 이 기법은 고대 이집트의 황금 유물에서 처음 사용되었으며, 유라시아 초원 문화에서도 널리 사용되었다. 남부 시베리아의 초원 지역에서는 기원전 7~6세기 대 아르잔 2호 고분에서 고

도로 발달된 이 기술이 등장한다. 한국에서는 낙랑 석암리 9호분의 용무늬 허리띠에서 보인다. 석암리 9호분 출토와 비슷한 것은 신장성과 중국 전역에서 발견되며, 남한에서는 마립간, 즉 서기 4세기 때에 처음 등장한다. 누금 기법은 중국에서는 서역, 주로 사카 문화를 통해서 온 것으로 추정된다. 다만 하나하나 가공하는 데 많은 시간과 비용이 든다는 단점이 있기 때문에 현대에는 거의 쓰이지 않는다. 필리그리(filigree)는 금실을 꿴다는 뜻으로 누금 기법과 비슷하지만, 작은 알갱이가 아니라 선을 붙이는 것이다. 기본 기술은 같기 때문에 누금과 필리그리 기법을 합쳐서 "누금 세공"으로 부르는 게 일반적이다.

• 아플리케(applique): 원래 여러 종류의 헝겊을 덧대어서 만드는 예술 기법이지만, 황금에서는 금박을 철기나 청동기에 덧댄 후에 그 조각을 파내어서 장식하는 것을 말한다. 초원에서는 청동기나 철기의 유물 표면에 금을 상감하는 기법이 스키타이 시대 중반(기원전 7~5세기)부터 널리 사용되었다. 유사한 기법인 니엘로(niello)는 황금 예술품에 음각하고 그 안에 검은색의 은, 구리, 납 등을 채워 넣는다. 아플리케는 금판 위에 검은색의 금을 덮는 니엘로와 정반대의 효과를 낸다. 주로 스키타이 시대 철제 무기에 많이 보인다. 대표적으로 아르잔 2호 고분이나 하북 만성한묘 출토 금장식 철검이 있다. 유물에 따라서 면을 파서 만든

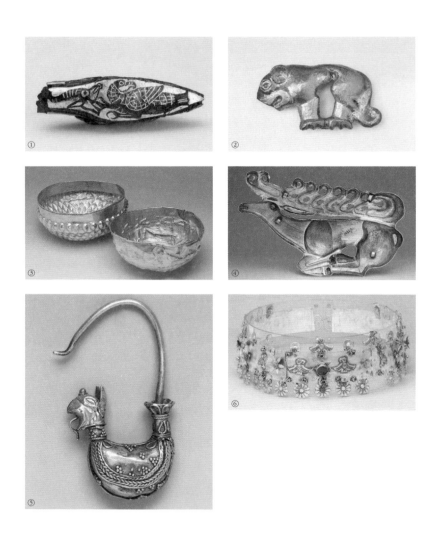

그림 1-6. 초원 지역 황금 유물의 다양한 기법
① 황금을 새김 기법으로 장식한 철촉(아르잔 2호 고분) ② 타출 기법으로 만든 맹수형
장식(아르잔 2호 고분) ③ 누르기와 타출 기법을 사용한 황금 그릇(켈레르메스 1호 고분) ④ 타출
기법으로 만든 사슴 장식의 뒤편(아르잔 2호 고분) ⑤ 필리그리 기법이 잘 보이는 유물(파스타카
2호 고분) ⑥ 엠보싱, 타출, 누금, 상감 등이 결합된 금관 장식(켈레르메스 1호 고분)

상감 기법과 혼동되기도 한다.

• 파새김(engraving): 날카로운 도구로 표면을 새겨서 장식한다. 가장 폭넓게 사용되는 방법이다. 다른 기법으로 만들어 놓은 유물의 표면을 좀 더 세밀하게 표현할 때 사용된다. 좀 더 단단한 끌이나 망치 등으로 깊게 파내는 기법은 조금 기법이라고 하는데, 황금은 표면이 무르고 두께가 두껍지 않기 때문에 많이 쓰지 않는다.

• 도금(Gilding): 얇은 금박을 나무, 청동, 은 등에 덮는다. 적은 양의 금으로 많은 효과를 낼 수 있기 때문에 유라시아의 초원 문화에서 널리 사용되었다. 대표적으로 파지리크 문화에서는 나무로 만든 마구, 의복을 금박으로 덮었다. 반면에 흉노는 청동제 허리띠 버클에 금박을 입히는 경우가 많다. 금박을 붙이는 재질에 따라서 부착 방법이 다르다. 나무에는 간단한 접착제 등으로 붙일 수 있지만 은이나 청동 위에 붙일 경우에는 별도로 가열한 후에 접착해야 한다.

• 체인 만들기(chain making): 황금을 실처럼 길게 늘인 다음에 꼬아서 만든다. 그중에서도 작은 고리를 만들어서 서로 이어서 붙이는 방법을 로만체인 기법이라고 한다.

• 표면 고르기(planishing): 망치로 쳐서 표면을 부드럽게 마감한다.

# 고고학은
## 왜 황금에
# 주목하는가?

이제까지 황금의 예술적 가치는 주로 미술사, 공예, 미학의 관점에서 다루어져 왔다. 하지만 최근에 알려진 고대 황금 유물은 고고학자의 발굴이라는 과정을 통해서 얻어진 자료다. 발굴은 체계적 기법으로, 유물이 발견된 다양한 맥락을 통하여 그것을 만들고 사용했던 사회적 의미도 함께 밝힌다. 즉, 유물 자료를 통해서 과거의 인간을 복원하는 고고학은 황금을 고대사회를 복원하고 지역 간 교류를 밝히는 자료로 주로 사용한다. 고고학은 다양한 시간과 공간에서 살던 사람들을 다양한 유물을 통해서 밝힌다는 점에서 미술사나 미학과 차이가 있다. 고고학은 유물 자체의 아름다움뿐 아니라 유물의 출토 및 공반 유물의 분석을 중시한다. 이러한 고고학적 방법이 황금이 가지는 미적 가치를 부정하는 것은 결코 아니다. 시대에 따라 변화하는 미적 가치의 흐름을 파악하고 당시 사회의 맥락에서 황금이 지닌 미적 가치를 추론할 수 있기 때문이다. 아름다움의 가치도 당시 사회와 문화적 맥락에서 벗어나 존재할 수는 없다. 동아시아로 유입된 초원 문화의 가치도 끊임없이 이동해야 하는 험난한 초원의 유목 생활에서 시작되었다. 사회문화적 배경에 관한 고고학적 접근이 필요한 이유는 바로 이러한 상이한 생계 경제에 관한 이해가 전제될 때 그 미적 가치를 구체적으로 해석할 수 있기 때문이다.

이러한 문제의식을 좀 더 정리하면 고고학이 바라보는 황금 유물의 가치는 아름다움 자체가 아니라 아름다움이 당시 사회에서 어떻게 표현되었으며 어떤 의미를 지녔는지를 밝힘으로써 구체화된다. 이러한 해석은 고고학적 유물 분석 방법인 제작 기법, 장인 계급의 존재, 유물에 새겨진 초원 장식의 모티브, 형식 간 비교 등을 중심으로 한다. 특히 초원 지역의 황금 유물은 기마민족의 특성상 순수한 장식보다는 의복과 마구, 무기의 장식에 집중된다. 특히 허리띠(대구) 및 허리띠 장식과 머리 장식에 집중됨을 감안하고자 한다. 예컨대 초원 지역은 소위 '황금 인간'에서 알 수 있듯이 금관보다는 의복 장식에 황금이 집중된다. 반면 중국 북방 지역에서는 허리띠 장식이, 신라를 중심으로 하는 삼국은 금관과 관모 등 머리 장식이 많다. 이와 같은 접근은 황금에 관한 맥락적 접근(contextual approach)이라고 할 수 있다. 즉, 아름다움을 추상적으로 접근하는 것이 아니라 기술과 용도라는 차원에서도 살펴보아 당시 사회의 맥락에서 파악해야 한다.

따라서 고고학적 차원에서 추구하는 황금 문화의 의미는 크게 다음의 세 가지로 나누어서 살펴볼 수 있다.

## 황금이 가지는 사회-상징적 의미

황금 유물은 그것을 소유한 사람의 권력과 사회적 지위를 상징한다. 황금이 인간의 고대사회에 개입하는 의미는 바로 인간과 인간이 소유한 물건들을 치장함으로써 발현된다. 몸을 개조하고 특정한 몸에 새로운 의미를 부여하는 장식물로서 기능하면서 원래 인간의 몸을 새로운 형태로 변환한다. 이러한 현상을 몸의 미학화(beautification)라고 한다. 고대사회에서 이러한 아름다움의 추구는 개인적인 것이 아니라 사회적 맥락에서 이루어졌다. 황금 예술의 사회적 가치는 그것을 소유하는 사람을 상징화하면서 발현된다. 황금과 다양한 장신구로 치장된 사람은 사회적으로 상징성을 동시에 지니기 때문이다. 즉, 귀족과 전사들이 황금으로 자신을 가꾸는 것은 바로 사회적 신분으로 전환한다는 뜻이므로, 아름다움은 곧 사회적 맥락의 전환이라고 볼 수 있다. 즉, 고대사회에서는 아름다움이 특별한 신분 및 그들의 영향력을 상징하는 것으로 표현된다. 물론 이러한 현상은 인간뿐 아니라 동물에게서도 볼 수 있다. 공작새, 극락조 등 많은 동물이 화려한 깃털이나 외모로 암컷의 시선을 끈다. 이는 일차적으로 자신의 생식능력을 과시하는 행위지만 그 표현 방법이 화려한 색깔과 아름다운 조화라는 점에서 아름다움의 일종으로 볼 여지가 있다. 하지만 동물은 자신의 몸을 바꾸거나 변형한다는 점에서 황금을 이용하여 미를 발현하는 인간과는 근본적으로 다르다.

## 제사 - 정치권력의 독점

황금은 사용되던 초기부터 이미 사회 및 제사의 권력을 상징했다. 최초의 '황금 인간'이 발견된 바르나 유적을 보자. 기원전 4000년경으로 편년되는 바르나 유적에서는 동석기 시대 무덤 중 족장의 것으로 추정되는 한 무덤에서 황금 유물이 대량으로 발견되었다. 이 무덤에 묻힌 사람은 40대 남성으로 다른 무덤에 묻힌 사람들보다 나이도 많은 편이고 신장도 180센티미터를 넘을 정도여서 당시는 물론 지금의 기준으로 보아도 장신이다. 한마디로 영양 상태가 좋았으며 선택받은 삶을 누리던 사람이었다. 게다가 이 사람은 전신을 황금으로 치장했다. 이집트 신왕국 시절에 사용했던 금관에서도 하늘과 땅을 잇는 것을 상징하는 사슴뿔이 장식되어 있다(그림 1-7).

그림 1-7. 샤먼 및 권력의 상징으로 사용된 금관
이집트 중왕국의 금관(위, 영국박물관 소장), 점을 치는 사제와 점괘를 듣는 스키타이 전사
장식을 한 황금 머리띠(아래, 우크라이나 사흐노프카 고분 발굴)

한편, 황금 유물을 둘러싼 채굴-가공-소유 및 재분배라는 일련의 과정은 당시 사회의 역량과 밀접한 관련이 있다. 고대국가는 제사, 무기, 기술, 이 세 가지를 독점함으로써 형성된다.[22] 황금 채굴 및 생산을 독점하고 노하우를 유지하는 일은 정치적 권력을 독점할 때 가능하다.

## 지역 간 네트워크의 복원:
## 유라시아 문화 교류와 실크로드

앞서 본 바와 같이 황금의 아름다움을 고고학적으로 본다면 당시 사회의 미적 가치를 통하여 인간 문화의 일단에 접근할 수 있다는 장점이 있다. 고고학적 유물의 '양식(style)'은 특정하게 선호하고 반복적으로 사용되는 유물의 질적 특징을 말한다. 관습적으로 사용된다는 것은 이미 특정한 사회 또는 집단에서 용인되는 아름다움의 형식이 존재한다는 뜻이다. 유사한 황금 예술품의 양식을 비교함으로써 각 지역 간 교류 및 문화적 영향력을 가늠할 수 있다. 그리고 황금 유물의 특징과 유사성은 바로 황금을 소유하는 사회 간 네트워크와 문화적 동질성에 기반한 연결점이 있음을 의미한다. 또한 황금 유물을 비슷하게 제작하고 공유하기 위해서는 장인 집단이 이동하고 상징성이 교류되어야 한다.

특히 이는 유라시아 초원과 실크로드에서 황금을 통한 지역 간 네트워크를 규명하는 데 기여할 수 있다. 초원의 황금 사랑은 황금의 특성과도 관련이 있다. 금은 겉보기에 아름다울 뿐 아니라 가공하기도 쉽다. 연성과 전성이 매우 강해서 실처럼 길게 뽑거나 넓게 펼 수도 있다. 금은 물론 구하기 어렵지만, 적은 양으로도 화려한 장식을 만들 수 있어서 사방을 이동하는 초원 민족에게 특히 사랑받았다. 게다가 금은 상대적으로 가공하는 데 많은 시설이 필요하지 않다. 청동기나 철기 등의 금속을 주조하려면 용광로, 거푸집 등의 시설과 인력, 공간이 필요하지만 금은 망치로 두드리기만 하면 가공할 수 있으니 매우 간편하다. 언제나 이동해야 하는 유목민족들에게는 가볍고 비싼 황금만큼 적절한 보물도 없었다. 몸이 무조건 가벼워야 하는 초원 민족이니 황금을 덩어리로 지니고 다니는 대신에 나무나 청동으로 만든 장식이나 마구에 얇은 금박을 입히는 방법으로 찬란한 황금 문화를 꽃피웠다. 이렇게 가볍고 아름답게 만드는 과정을 거듭하면서 유라시아 유목민의 황금 문화는 사방에서 명성을 떨쳤고, 그들이 동아시아 북방으로 확산하면서 황금 문화도 중국과 한반도로 널리 퍼져 나갔다.

같은 장인이 주조한 유물이 수천 킬로미터를 두고 발견되는 경우는 포크롭카 고분과 쉬저우(徐州) 스쯔산 유적과 같은 유물

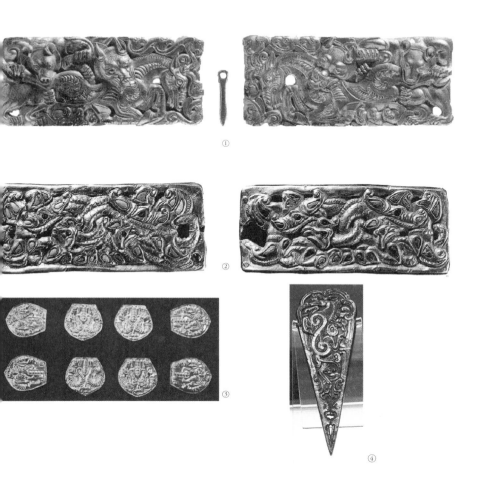

그림 1-8. 원거리 간(러시아 코카서스 지역과 중국)에서 발견된
유사한 황금 동물 장식
① 중국 장쑤성 스쯔산의 황금 대구 장식 ② 러시아 로스토프(Rostov)주 하프리(Khapry)
유적 출토 황금 장식(아조프박물관 소장) ③ 중국 남월왕묘의 황금 장식 ④ 중국 산둥성
지난시 낙장한묘(章丘區洛庄漢墓)

들로 잘 알려져 있다. 또한 석암리 9호분에서 출토된 용무늬 허리띠 장식은 중국 다롄(大連)은 물론 멀리 신장 지역에서도 같은 것이 발견된다(그림 1-8).

　이러한 황금 문화의 확산은 단순한 유물의 전래가 아니라 지역 간 네트워크 및 황금 가공 집단의 확산이라는 사회적 배경에 따른 것이다. 실제로 고조선의 영역이 비파형동검 문화권으로 들어온 기원전 5~6세기에 만리장성 일대를 통하여 유입된 초원 동물 장식의 황금 유물은 기록에 보이지 않는 고조선의 다양한 네트워크를 보여 준다. 이후 기원전 4세기 대 사카 문화의 확산, 나아가서 신라의 황금 문화로 이어지는 과정은 거시적으로 한나라 이전의 숨겨진 실크로드의 또 다른 모습이라고 할 수 있다. 비단 한국뿐 아니라 카자흐스탄 남부-신장-장성 지대를 잇는 선과 함께 파미르고원에서 히말라야를 거쳐 윈난-쓰촨 지역의 서부 산악지대로 이어지는 실크로드 남로(또는 차마고도)에서도 비슷한 황금 문화의 확산을 볼 수 있다. 이같이 황금 문화가 한반도를 포함한 동아시아로 확산하는 과정을 연구함으로써, 그동안 한국 및 동아시아 고고학에서 애매하게 '북방계' 또는 '초원계'라고 통칭했던 문화 교류의 경로에 구체적으로 접근할 수 있다.

2

# 유라시아,
# 황금으로
# 빛나다

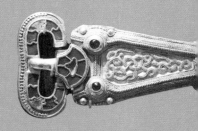

# 유라시아
## 황금 문화의
# 형성


**세계 최초의 황금 인간: 바르나 유적**(기원전 4000년경)

황금이 인간의 역사에 들어오기 시작한 것은 신석기 시대부터다. 기원전 6000년경부터 황금 유물들이 발견된다. 황금 제련술이 발달하여 지금 알고 있는 황금제 장신구가 등장하는 시기는 대체로 기원전 4000년을 전후해서다. 불가리아의 바르나 유적이나 이스라엘 나할 카나(Nahal Qanah)에서 발견된 황금 팔찌는 표면을 단조 처리해서 황금의 아름다움을 나타냈다. 기원전 3000년경이 되면 순도가 90퍼센트 이상이 되는 황금 유물들이 코카서스, 근동, 이집트 등지에서 발견되며 다양한 황금 제조 기술이 등장한다.

황금은 재화로서 수단이 아니라 아름다움을 독점할 수 있는 권력으로서 인류 역사에 큰 영향을 미쳤다. 최근까지도 학자들은 인류가 5000여 년 전 근동 지역에서부터 황금을 사용한 것으로 추정해 왔다. 하지만 황금 문화가 본격적으로 등장한 때는 그보다 훨씬 이전인 6500~6000년 전으로, 불가리아의 바르나 고분에서 발견되었다(그림 2-1).

이 유적은 1972년에 바르나 호수 근처 언덕에서 공장을 세우던 트랙터 기사 라이초(Raicho Marinov)가 발견했다. 공사 중에 포클레인 삽날 끝에 무언가 걸린 것을 알아차리고 확인하다가 근처에서 햇빛에 반짝거리는 황금을 발견했다. 그가 땅을 파던 곳은 고대인들이 약 7000년 전부터 2000년간 사용하던 공동묘지였다. 이제까지 무덤 294개를 발굴하여 전체 묘지의 3분의 1을 발굴했고 다양한 구리 유물, 청동기와 함께 수많은 황금 유물이 발견되었다. 2000점이 넘는 유물이 발견되었는데 총중량은 5.5킬로그램에 달한다. 전체 유적을 조사한다면 더 많은 황금 유물이 발견될 것은 자명하다. 그런데 더욱 놀라운 사실은 유적의 연대다. 처음에는 화려한 황금 유물과 놀라운 기술에 연대를 청동기 시대로 추정했으나 이후 다양한 방사성탄소연대 측정법 같은 과학적 방법을 동원한 결과 약 6000년 전에 만들어졌다는 것이 밝혀졌다. 세계 어느 고대문명보다 이른 시기의 황금 유물이었다. 믿기 어려운 결과에 고고학자들은 주저했고 불가리아가 개방된 이후에 세계 고고학계에서 널리 공인받았다.[1]

그림 2-1. 바르나 43호분에서 출토된 최초의 황금 인간과 황금 유물

바르나 유적에서도 특히 43호 무덤에서는 샤먼 또는 족장으로 추정되는 이가 온몸을 금으로 두르고 있었기에 세계 최초의 황금 인간이라 불릴 만했다. 이 사람의 주변에서는 모두 1011점의 황금 유물이 발견되었다. 한 사람의 무덤에 이렇게 많은 황금 유물이 부장되려면 엄청난 인력과 시간이 필요하다. 고대의 주요한 문명 중심지도 아니었던 바르나 지역에서 이렇게 세계 어느 지역보다 일찍 엄청난 부를 축적할 수 있던 배경에는 바로 한 사람에게 집중된 권력과 교역을 통한 부의 축적이 있었다. 바르나 고분이 만들어질 당시는 황금 유물도 있었지만 주로 돌로 만든 도끼와 칼이 위주인 석기 시대에 가까웠다. 그리고 당시 평균 연령은 28세 내외였고, 남성의 키는 160센티미터, 여성은 148센티미터에 불과했다. 그런데 43호의 사람은 키가 180센티미터가 넘고 나이도 50대에 가까웠다. 그리고 손에는 권력을 상징하는 황금으로 도금한 지휘봉을 들고, 성기도 황금으로 감싸고 있었다. 이 43호의 주인공은 당시 무력과 신권을 모두 가지고 있었고 가족들에게 독점적으로 자신의 부를 세습했다. 이 무덤 이외에도 황금 유물을 1킬로그램 가깝게 넣은 무덤이 3기가 더 발견되었다. 심지어 사람은 없고 황금과 여러 유물만 넣은 무덤도 있었다. 아마 실제 주인공의 시신을 찾을 수 없으니 그를 위해 준비해 놓은 유물로 빈 무덤을 만들었을 것이다. 이때는 전쟁이 활발하던 시대가 아니었고 바르나는 해상 교역의 중심지였으니 이러한 빈 무덤은 바다에서 희생된 사람들을 위한 것일 가능성이 크다. 이는 그들이 평소에 엄청난 부를 축적한 바다 무역인이라는 것을 방증한다.

바르나 출토 황금 유물이 놀라운 까닭은 연대가 빠를 뿐 아니라 공예 기술이 뛰어났기 때문이다. 처음 출토되었을 때 고고학자들은 무덤이 기껏해야 3000년 전에 만들어진 것이라 추정할 정도였다. 이후 방사성탄소연대가 제시되자 믿을 수 없다는 반응이 많아서 여러 번 다각도로 연대를 검증하는 동안 제대로 믿지 못했던 고고학자가 많았다는 것은 어쩌면 당연했다.

그렇다면 또 다른 의문이 든다. 과연 바르나 사람들은 어디에서 이렇게 황금 유물을 만드는 기술을 배웠을까. 세계 어떠한 문명보다 빠르게 발달한 바르나의 황금 가공 기술은 높은 온도로 청동을 뽑아내는 기술에서 출발했다. 그리고 그 배경에는 빵이나 토기를 굽는 화덕을 만드는 노하우가 있었다. 아마 빙하기 이후에 전 세계에서 마을을 일구고 살던 신석기 시대에는 대부분 가지고 있는 기술이었을 것이다. 그중에서도 특히 바르나 지역은 청동 광산이 아주 풍부했다. 그래서 다른 어느 지역보다 일찍이 청동을 제련할 수 있었고 또 그 기술로 황금도 일찍이 뽑아낼 수 있었다. 다시 말하면 고대인들은 신석기 시대에 이미 황금이나 청동의 존재를 알고 있었다. 다만 대부분의 지역에서는 그것을 만들어 낼 인력과 비용을 감당할 수 없을 뿐이었다. 바르나 사람들은 바다 교역으로 쌓은 자본과 온도를 높이 올릴 수 있는 화덕 제작 기술이 있었기 때문에 일찍이 황금 기술을 발전시킬 수 있는 기반을 갖추게 되었다. 황금 원산지에 관한 최신 연구에 따르면 바르나의 황금 산지는 근처의 캄치아(Kamchia)강과 그 지류라고 한다.[2] 즉, 본격적으로 황금을 캐내는 산금 기술은 없었으며 풍부한 부를 바탕으로 많은 노동력이 동원되는 사금 채취 기법으로 황금을 얻었다는 뜻이다.

바르나의 황금 인간이 등장하는 기원전 4000~3500년은 유라시아 역사에서 또 다른 의미로 중요한 의의를 지닌다. 후빙기 이래로 거의 빈 땅으로 남아 있던 이 지역에서 목축이 시작되었고, 나아가서 전문적으로 유목하는 집단[서부는 얌나야(Yamnaya) 문화, 동부는 아파나시예보 문화]이 등장하면서 초원은 다양한 사람이 교류하는 공간으로 변한다. 이와 함께 새롭게 등장한 황금 기술은 초원을 매개로 확산된다.

## 유라시아 유목 문화의 등장과 황금(기원전 30~20세기)

유라시아 초원 지역에서 황금이 등장하는 가장 이른 시기는 시베리아 일대의 아파나시예보 문화로 기원전 3000년경이다. 형질적으로는 유럽인의 특징이 강한 아파나시예보 문화는 유라시아 초원을 따라서 동쪽으로도 빠르게 확산되면서 청동기 제련 및 유목 문화를 동아시아 일대에 전파했다. 이러한 새로운 기술과 생업 경제에 더하여 황금도 전해졌다.

세계 4대 문명이 온대 지역에서 발흥하던 기원전 3500년경에 초원 지역에서는 유목 경제가 등장했다. 지역마다 시기 차이는 있지만 대체로 기원전 3500~3000년경이 되면 세계 4대 문명은 번성하기 시작한다. 문명의 발생 지역보다 훨씬 북쪽에 있는 유라시아 초원 지대에서도 신석기혁명에 비견할 만한 사회 변화가 일어나는데, 가히 '초원의 혁명'이라 할 수 있다. 바로 목축(pastoralism)의 등장이다. 현재까지의 증거로 볼 때 기원전 4000년경 유라시아 초원 서쪽에는 이전의 채집 경제와 다르게 동물을 방목하고 키워서 식량자원으로 삼는 최초의 생산 경제가 시작되었다. 이때부터 유라시아 초원 지역에서 목축하는 집단과 온대 지역에서 농경하던 집단은 서로 다른 생산 경제를 갖춘 채 교류했다. 목축 경제의 가장 큰 특징은 주변 지역으로 빠르게 확산한다

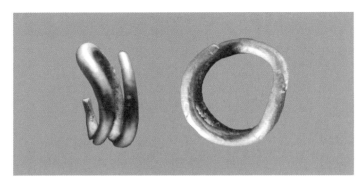

그림 2-2. 아파나시예보 문화 시기 황금 귀걸이(포크롭카, 알타이 출토, 그루신 외 2009)

는 점이다. 농경은 물이 지속적으로 공급되고 기후 조건이 적합한 지역을 집약적으로 이용하는 것이 특징인 데 반해, 목축은 목초지를 광범위하게 활용하기 때문에 사용되는 토지의 범위가 농경의 약 100배에 이른다. 지역에 기반을 둔 농경사회와 달리 지속적으로 목초지를 찾아서 이동하면서, 지역 간 신기술 및 물자의 교류도 활발해졌다. 이러한 물자의 교류와 사회의 발달은 희귀한 황금의 사용으로 이어졌다. 다만 이때는 황금을 널리 사용하지는 않았고 반지나 귀걸이 등 청동 장식에 도금하거나 얇은 금박을 장식하는 정도로 소수에 한정될 뿐이었다(그림 2-2).

## 전차 부대의 등장과 황금의 확산(기원전 20~10세기)

중기 청동기 시대 안드로노보 문화(기원전 25~15세기)는 전차를
사용하는 사람들로, 흑해 연안 또는 우랄산맥 근처가 기원이라
고 한다. 안드로노보인의 일파는 인더스 문명으로 진출해서 드
라비다인들을 무찌른 아리안과 중국 상나라에 전차를 전했다.
다음으로 후기 청동기 시대인 카라수크 문화는 석관묘를 주로
썼으며, 카라수크 문화 자체는 미누신스크 일대로만 한정되지
만 카라수크식 청동기는 북부 중국 일대와 만주에서도 사용되었
다. 다만 발견되는 황금 예술품의 양은 적은 편이다. 대신에 청동
제련 기술자들이 등장하여 황금 제작의 배경을 엿볼 수 있다. 이
장인 집단들은 자신들만의 독특한 청동기 만드는 전통이 있었으
니, 바로 '세이마-투르비노 현상'이라고 한다. 이들은 서쪽으로
는 동유럽에서, 동쪽으로는 랴오닝성 일대까지 확산되었다. 그
예로 세이마-투르비노 계통의 청동기를 반출하는 대표적 유적
인 로스톱카, 사무스(Samus), 숩카 등의 유적은 공통적으로 봉분
이 없는 토광묘로, 토광의 크기나 기타 부장품의 차이는 별로 없
지만 대량의 거푸집과 청동기를 부장한 무덤이 많다. 특히 숩카
65호 고분에는 주물 국자, 거푸집 및 청동기가 대량으로 부장되
어서 이러한 장인 집단이 이동하여 각 지역사회로 동화되었음을

짐작할 수 있다. 다만 황금 자체를 만드는 장인들에 관한 증거는 별로 없이 일부 황금을 도금한 청동 장식이 발견된 것이 전부다. 따라서 황금을 만드는 장인 집단이 있었다기보다 청동 제련 기술의 발달에 발맞추어 황금 유물도 일부 함께 제작되는 정도였을 것이다. 이는 황금 제련 기술의 도입과 확산에는 기술 자체의 소유 유무보다는 황금을 생산할 수 있는 각 사회의 경제적 배경이 더 중요했음을 의미한다.

　또 다른 황금 문화 확산의 배경에는 전차 문화의 확산이 있다. 우랄산맥 지역에서 약 4000년 전에 처음 발명된 전차(chariot)는 이후 근동, 이집트, 인더스 그리고 중국과 만주 지역으로 빠르게 확산된다. 그 영향은 지대해서 한반도의 비파형동검 문화에도 영향을 미칠 정도였다. 이러한 전차 문화의 확산과 함께 그들의 특징적 황금 유물인 나팔형 귀걸이도 동아시아 전역으로 퍼졌다. 나팔형 귀걸이는 1970년대 이래로 중국과 유라시아의 관계를 대표하는 유물로 인식되어 왔다. 4000여 년 전에 유라시아 초원 지대에 널리 확산된 안드로노보 문화의 무덤에서는 주로 여성의 몸에서 팔찌, 귀걸이 등 황금 장신구가 본격적으로 출토된다(그림 2-3). 나팔형 귀걸이는 청동제로도 널리 쓰였으며 황금제는 청동 장신구의 겉을 감싸는 금도금 식으로 사용되었다. 나팔형 귀걸이는 바로 이 시기 청동기와 황금 문화가 동아시아로

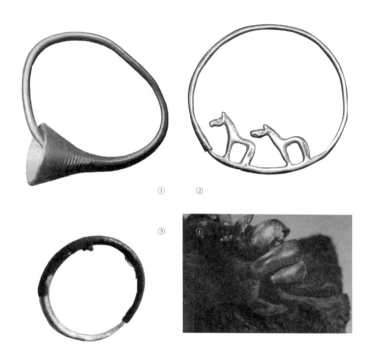

① ② ③ ④

그림 2-3. 안드로노보 문화의 황금 유물
① 나팔형 황금 도금 청동(루블료보 82호, 알타이) ② 말 장식의 황금 귀걸이(체스노코보-
1유적, 알타이) ③ 귀걸이 황금 도금 청동(크로토프 유적, 노보시비르스크) ④ 발굴 당시 황금
도금 귀걸이(알타이주립대 박물관 발굴, 그루신 외 2006 및 필자 촬영)

확산되었음을 보여 주는 주요 자료다. 이를 근거로 보면 중국 신장성 일대, 중국 서북 지역 및 네이멍구(內蒙古) 동남부 샤자뎬 하층문화 등 만주에서 실크로드에 이르는 중국 북방 지역은 대체로 기원전 20세기경부터 황금을 사용하기 시작했다.

# 스키타이-사카
## 황금 문화의
## 발달(기원전 9~3세기)

　유목 문화를 대표하는 시기는 바로 기원전 1000년기(기원전 9~3세기)로, 기마 전사들의 스키토-시베리아 문화 단계다. 이들은 모두 거대한 고분, 동물 장식, 발달된 마구 등을 공유하기 때문에 유라시아 고고학계에서는 이 유라시아 초원 벨트에 분포한 공통적 유목 기마 문화를 스키타이시크 문화 또는 스키토-시베리아 문화권(Scyhto-Siberian world)이라고 부른다.[3] 주요 분포지는 유라시아 초원 지대로, 서쪽으로는 흑해 연안, 우크라이나에서 시작되어서 시베리아의 초원 지대를 포함하고, 동쪽으로는 북중국 만주 지역에서 베이징 근교의 옌산산맥 일대에 위치한 옌칭현(延慶縣)을 중심으로 분포하는 위황무 문화(玉皇廟文化)와 네이멍구 동남부 지역의 샤자뎬 상층문화로 이어진다. 스키토-시베리아 문화권은 한동안 '스키타이계 문화', '스키타이 유형의 문화' 등으로도 불렸다. 전체 유라시아 기마 문화에 스키타

우크라이나

흑해

조지아

튀르키예

아제르바이잔

레바논
시리아
이스라엘
요르단
이라크

사우디아라비아

아랍에미리트

카자흐스탄

우즈베키스탄

키르기스스탄

투르크메니스탄

타지키스탄

이란

아프가니스탄

파키스탄

인도

네팔

지도 1. 초기 유라시아 황금의 분포(기원전 3000~1500년)

러시아

몽골

중국

북한

동해

한국

일본

황해

타이완

미얀마

라오스

타이

베트남

캄보디아

글라데시

탄

이라는 명칭이 붙은 이유는 그리스의 고대 역사가 헤로도토스의 저서 《역사》에 나오는 흑해 연안의 유목민족인 스키타이인에서 유래한 것이다. 이 명칭을 전체 유라시아로 확대할 경우 마치 전체 유라시아가 '스키타이족'의 일파라는 오해를 불러일으킬 수도 있다. 실제로 흑해 연안에서 중국 베이징 이북의 초원지대는 서로 비슷한 문화를 공유하지만, 세부적으로는 다양한 민족 또는 집단이 존재했다.

또한 카자흐스탄 일대의 중앙아시아를 중심으로는 사카 문화가 존재했다. 물론 어원으로 보면 스키타이와 사카는 모두 '활을 잘 쏘는 사람'이라는 뜻이다. 마치 중국이 동쪽의 이방인을 동이(東夷)라고 부르듯 고대 그리스 고전 세계에서는 그들의 동편 초원의 민족들을 스키타이 또는 사카라고 통칭했다. 이에 고고학자들은 사카와 스키타이를 구분 지어서 '스키타이족'은 고대 그리스에 인접한 흑해 연안의 국가를 가리키고, '스키토-시베리아 문화권'은 흑해~북중국을 아우르는 범칭으로 사용한다. '시베리아'라는 이름이 붙은 이유는 스키타이계 문화가 실제로는 스키타이의 흑해가 아니라 남부 시베리아의 사얀-알타이 지역에서 기원했음이 밝혀졌기 때문이다. 한편, 사카 문화권은 스키토-시베리아 문화권에서 약간 남쪽인 카자흐스탄 지역으로, 농사에 유리한 농경지와 유목이 공존하는 반농반목의 독특한 지역이다.

이에 지역적으로 카자흐스탄의 스키타이계 문화를 '사카 문화'로 칭하게 되었다. 사카 문화는 독특한 황금 문화로 유명했다. 이들은 일찍이 근동 지역의 페르시아계와 조우해서 스키타이계와는 구분되는 독특한 황금 문화를 발달시켰다.

황금 문화의 발달과 형성 과정은 매우 복잡한데, 이는 가장 양식적 특징이 뚜렷하게 바뀌는 동물 장식을 통해서 파악할 수 있다. 동물 장식은 근동 지역에서는 메소포타미아 문명 단계부터 쓰이지만, 동북아시아에서는 중국 북방 제후국 및 카라수크 문화 단계부터 쓰인다. 동물 장식이 황금 예술의 전면에 등장하는 것은 스키토-시베리아 문화 시기로 맹수와 사슴, 멧돼지를 주요 모티브로 사용하며, 사냥 장면 또는 짐승의 도약 장면 등 역동적 장면을 묘사한 것이 특징이다. 스키토-시베리아 문화의 편년 체계는 초기(기원전 9~7세기), 중기(기원전 7~5세기), 후기(기원전 4~2세기)이며, 이를 기준으로 각 시기의 특징을 보면 다음과 같다.

## 사카 문화 전기(기원전 9~7세기)

이 시기 동물 장식의 전형적 특징, 즉 '동물 양식'은 동물의 전체 또는 일부 모습을 정적으로 표현하는 것이다. 동물 장식에는 짐승저립문(서 있는 모습), 짐승굴신문(웅크린 모습), 짐승일렬문(줄지어서 있는 모습), 쌍조문(양쪽에서 새가 서로 머리를 맞대는 모습) 등이 있다.

가장 보편적으로 사용된 모티브는 야생 염소와 산양 조각상, 멧돼지와 사슴 부조다. 이들은 대부분 다리를 접거나 까치발을 하고 있다. 즉, 초기 단계의 동물 양식은 역동성이 배제되어서 정적인 모습에 가깝다. 짐승저립문은 러시아 사얀-알타이 지역에 위치한 투바 아르잔 고분의 발굴로 초기 스키토-시베리아 유형의 동물 장식을 대표하게 되었다. 짐승굴신문는 짐승저립문과 마찬가지로 사얀-알타이 지역 아르잔 고분에서 발견된 이후 스키토-시베리아 유형의 가장 이른 단계에 출현하는 동물 장식으로 알려져 있다.

황금 예술은 이러한 청동기 동물 장식을 고스란히 황금에 구현하는 방식으로 표현되었다. 전기의 마지막 단계에서부터 본격적으로 황금 문화가 발달한다. 바로 카자흐스탄 동부에 있는 자이산(zaisan)군의 실릭티(shilikti) 고분이 있다. 이 고분군 중 2003년에 조사된 직경 90미터 고분에서 황금으로 의복을 장식한 시신과 황금 부장품들이 발견되었다. 이 고분이 도굴되었음을 감안하면 실제로는 매우 많은 황금 유물이 있었다고 생각된다. 카자흐스탄의 고고학자들은 기원전 8세기 후반~7세기 초반으로 편년한다. 이 시기 이미 사카 황금 문화의 동물 장식 특징이 잘 보인다(그림 2-4). 산양이 서로 얼굴을 마주 보는 황금 장식에는

그림 2-4. 실릭티 고분의 유물
(국립문화재연구소, 2018)

산양, 새, 고양이과 맹수 얼굴 등 여러 동물이 한데 어울려 표현되었으며, 정적이고 저립문이다. 이는 황금 인간으로 대표되는 카자흐스탄 황금 문화의 시작을 잘 보여 준다.

## 사카 문화의 전성기(기원전 7~5세기)

기원전 7~5세기에는 유라시아 초원의 '동물 양식'에 변화가 나타난다. 정적 형태의 동물을 대신하여 복잡하게 구성된 동적 이미지가 널리 이용된다. 또한 동물 소상의 비중은 줄어들게 된다. 반면 움직이는 동물을 부조로 표현하거나 싸움 장면이나 맹수가 초식동물을 공격하는 장면이 포함되었다. 역동적 움직임은 동물이 몸을 '뒤트는' 방식으로 표현된다. 즉, 몸통의 각 부분이 서로 다른 방향을 향하도록 나타냈다. 이 시기를 대표하는 유적으로는 카자흐스탄 중부에서 발달한 사카계 타스몰라(Tasmola) 문화의 탈디(Taldy) 2호 고분(기원전 6세기)을 들 수 있다. 탈디 2호 고분에서는 황금 유물로 화려하게 장식한 시신이 발굴되었다.[4] 1·2·4·5호분에서는 금제 의복 장식의 완형과 잔편이 200점 이상 발견되었다. 2호분과 5호분에서 출토된 33개의 유물을 바탕으로 확보한 146개 표본을 분석한 결과, 금제품의 순금 함량 범위는 72~94퍼센트다. 순금 함량이 가장 높은 것은 2호분의 유

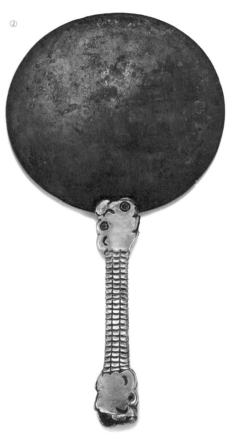

그림 2-5. 사카 문화 전성기의 유적과 유물
①② 탁사이 여성 사제 고분 출토 황금 유물
③④ 아르잔 2호 고분과 출토 유물

물이었는데, 이는 2호분이 더 이른 시기의 쿠르간이기 때문인 듯하다.

그 밖의 대표 유적으로 탁사이 고분(Taksai, 기원전 6세기 말~5세기), 키리크오바[=레베툡카(Lebedevka), 기원전 7~6세기] 등이 있다.[5] 그리고 지역을 달리하여 사얀-알타이 산맥인 투바 아르잔 2호 고분 등이 있다. 아르잔 2호 고분은 기원전 7세기 중반 이후~5세기로 편년되며 직경 80미터, 높이 2미터의 대형 고분으로 외형은 유사하다. 하지만 황금 유물만 20킬로그램이 나왔으며 중간의 고분을 중심으로 독립된 무덤 30기를 만들었다는[6] 점에서 상이한 매장 풍습을 보여 준다. 아르잔 2호 고분은 아르잔 1호와 비교했을 때 부가 집중된 점과 무덤 구조의 차이가 뚜렷하며 2호 고분의 봉분 안에 존재하는 무덤의 수는 20여 개로 줄었지만, 중심 묘광에서 12킬로그램의 황금이 출토되는 등 무덤의 집중화가 현격하게 진행된다. 이 무덤의 황금 유물을 복원한 결과 몸에 얇은 황금제 유물을 부착하여 장식했음이 확인되었다. 이 시기에는 누금세공, 체인 기법 등 황금을 만드는 기법이 매우 다양해진다.

아울러 자우랄의 사르마트 문화 등에서도 황금 유물이 확인되어 이 시기 사카의 황금 문화는 광범위한 지역에서 전성기를 맞이했음을 알 수 있다.

## 사카 문화의 후기(기원전 5~3세기)

기원전 5~4세기가 되면 사카 문화는 세미레치예(카자흐스탄 동부) 및 주변 지역인 알타이 고원 지대로 확장되었다. 한국에서 신라 고분과 관련되어 유명한 알타이의 파지리크 문화도 이렇게 확산된 사카 문화의 지방 유형에 해당된다. 이 시기 동물 장식은 사실적 묘사보다는 환상적 형태로 바뀌어 이시크 고분의 황금 인간 유적(기원전 4~3세기) 대에 절정에 이른다. 한편, 파지리크 문화에서는 나무 마구에 금박을 입히는 식으로 실용성이 더욱 강해진다. 이 사카 문화의 일파는 실크로드를 통해 신장성을 따라 중국 북방으로 확장된다(그림 2-6).

사카 문화 후기에는 본격적으로 온몸을 황금으로 치장하는 풍습이 널리 확산되며 장식도 다채로워져 가히 사카 황금 문화의 전성기라고 할 수 있다. 사카 문화 후기를 대표하는 유적으로는 카자흐스탄 이시크 고분의 황금 인간이 있다.[7] 자동차 공장의 건설로 파괴된 고분을 조사하던 중 고분을 발견했으며, 그 고분의 부곽에서 황금 인간이 나왔다. 이시크 고분군은 알마티에서 동북쪽으로 50킬로미터 지점에 분포하며 고분군 전체 면적은 약 3제곱킬로미터에 달한다. 직경이 30~90미터, 높이가 15미터에 이르는 대형 고분은 약 45기 정도가 남아 있다. 사실 이시크 고분군 정도의 규모는 그리 드물지 않다. 예컨대 알마티 시내에 있는 보롤다이(Borolday) 고분군도 규모가 비슷하다. 즉 여러 고분군과 비슷하기 때문에 카자흐스탄 고고학자들의 큰 관심을 끌지는 못했다. 이렇게 고분 자체로는 크게 주목받을 만하지 않았음에도, 세계적 명성을 얻은 이유는 도굴되지 않은 상태로 완벽한 데다, 황금으로 치장한 시신이 나왔기 때문이다. 도굴되지 않은 거의 유일한 고분으로 약 4000점에 이르는 황금 유물이 발견되었고, 황금 인간의 복식 및 유물도 상세하게 복원되었다. 머리에 쓴 사카인의 독특한 고깔모자에는 맹수와 산을 상징하는 황금 장식이 부착되었으며, 그 밖에도 전신에는 다양한 기하학적 문양과 동물 장식이 있었다.

다음으로 카자흐스탄 타르바가타이산맥의 엘레케 사지(Eleke Sazy) 고분이 있다.[8] 2018년 7월에 자이놀라 사마셰프가 다년간 조사하는 카자흐스탄 동부 타르바가타이산맥 지역의 고분 유적이 세상에 알려졌다. 이 고분의 피장자는 17~18세며 상의는 구슬로 일일이 꿰맸고 목걸이, 화살통, 금도금한 가죽 칼집 속의 검 등 전반적으로 황금과 보석으로 치장했다. 몇 년간의 조사 및 복원 과정을 거쳐서 2023년 현재 아스타나에 소재한 국립박물관에서 전시하고 있다.

알타이 초원의 부그리(Bugri) 유적에서도 비슷한 황금 인간이

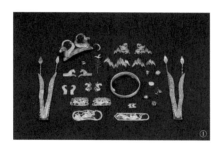

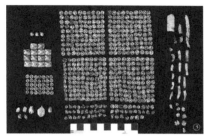

그림 2-6. 사카 문화 중기의 황금 유물
① ② 이시크 고분 ③ 알타이 부그리 고분 ④ 엘레케 사지 고분

발견되었다.[9] 이 유적의 연대는 2150±25, 2120±40이다(보정 연대는 기원전 4세기 말~기원전 1세기). 또한 중국의 칠기 이배(耳杯) 편 도 발견되었다. 황금 유물은 청동 무기나 장식을 마치 포일처럼 덮는 금동 장식이 다수를 차지하며 정확한 용도를 밝히기 어려 운 다양하고 자잘한 장식도 발견되었다. 하지만 이 고분이 여러 차례 도굴되었음을 감안하면 이시크의 황금 인간과 같이 매우 복잡하게 황금 장식을 한 옷을 입었음은 분명하다.

**파지리크 문화**(기원전 5~3세기)

알타이를 중심으로 하는 파지리크 문화에서는 초원 지역에서도 독특한 황금 예술이 발달했다. 바로 나무로 만든 마구 위를 금박 으로 덮는 것인데, 이러한 목제 금박 장식은 파지리크 문화를 대 표하는 특징이다. 파지리크 문화는 알타이 고원 지역에서 확인 되는 스키토-시베리아 유형 문화권(기원전 9~3세기)의 하나로 중 심 존속 연대는 기원전 5~3세기다.[10] 사실 파지리크 문화가 존 재하는 알타이산맥 일대는 최근까지도 사금 산지로 유명하며, 고대 중국의 기록에는 금산(金山)이라는 명칭으로 알려질 정도 로 황금과 관련이 많다.

이들과 황금이 관련이 있음은 고대 그리스의 기록에서도 잘 드러나 있다. 파지리크 문화는 스키타이의 동쪽에 위치하며 고대 근동 세계와 교류했던 사카 문화의 일파였기 때문에 사카를 통하여 고대 고전 세계까지 존재가 알려질 수 있었다. 헤로도토스는 그리스 세계의 동쪽 끝에 '황금을 지키는 그리핀'이 있으며 그 북쪽에는 겨울의 나라라 불리는 히페르보레아(Hyperborea)가 있다고 했다.¹¹ '황금을 지키는 그리핀'은 막연하게 가상의 이야기로 생각했지만 실제로 파지리크 문화의 고분에서 사자 머리를 한 독수리 모양에 황금을 입힌 나무 장식이 대거 출토되었다. 또한 새 모양의 고깔모자도 발견되면서 이 이야기는 실존하는 유목 집단을 묘사했음이 밝혀졌다. 고깔모자의 끝을 그리핀과 같은 새 머리로 장식하고 얼굴을 가릴 정도로 푹 눌러쓰면 마치 새의 머리 모양을 한 기마인의 모습이 되기 때문이다.

파지리크의 황금 문화가 가지는 또 다른 의미는 유라시아 서쪽 페르시아계 문명의 확산이다. 파지리크 문화에서는 이란(페르시아) 계통 문화의 요소가 다수 발견된다. 그 관련성은 카펫, 형질 인류학 등 기존에 알려진 이란 계통 문화는 물론 신화와 약초 등에서도 확인된다. 이러한 문화적 유사성은 '황금을 지키는 그리핀'이라 불린 파지리크인들이 인도-이란 문화권의 동쪽 끝까지 이르렀음을 의미한다. 실제로 페르시아의 페르세폴리스 유적에서도 그리핀 형상이 다수 보인다. 또한 파지리크에서 중국의 동

●키리크오바
●레베툑카
●토르트오바
신타스● ●배소바
●사피불라크
●사바
●키질루이이크
●약판
●바이테
투베지크-2
●●메레차이-2
아이기를리-2
우즈베키스탄

지도 2. 사카계 황금 반출 고분 주요 유적 분포

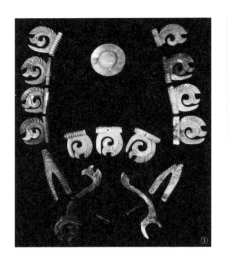

그림 2-7. ① 아크 알라하의 말굴레 장식 ② 금도금이 잘 남아 있는 바키불라크 고분 4호
③ 베렐 고분에서 발굴된 금방의 목제 마구

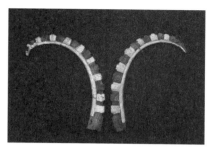
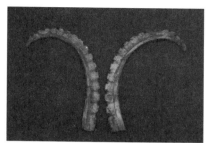

그림 2-8. 베렐 고분(파지리크 문화)의 뿔들과 복원 모습(아스타나박물관 전시)

경과 칠기 등이 다수 발견된 점에서 알 수 있듯이 파지리크 문화
는 동서양의 황금 문화를 연결하는 가교역할을 했다. 헤로도토
스가 언급한 정보 역시 사카와 페르시아를 거쳐서 고전 문명 세
계로 유입된 결과다.

파지리크인들은 목재와 가죽으로 만든 마구 위에 금박을 입
혔다(그림 2-7). 고분에 함께 부장된 말은 장송용으로 뿔을 만들
고 금박을 입혀서 매우 호화롭다. 나무 뿔에 장식한 금박을 보면
황금 가공 기술을 파악할 수 있다. 말 머리 장식에는 먼저 원형
의 테두리 부분에 금박을 입힌 후에 갈기에 해당하는 각 볼록한
부분마다 금박을 입힌 후 날카로운 칼로 베어 낸 흔적이 남아 있
고, 한 부분에는 금박을 제대로 잘라 내지 않은 채 묻었다. 그런
데 그것을 자세히 보면 제작 과정에서 금박이 일어나고 갈라진
것을 다시 급하게 붙인 흔적을 볼 수 있다(그림 2-8).[12] 금박을 잘
라 낸 칼의 흔적도 장식의 여러 부분에서 쉽게 찾아볼 수 있다.
전반적으로 기술적 한계를 극복하고 최소한의 노동력으로 뿔 장
식을 완성한 흔적이 뚜렷하다. 이는 실제로 장례 의식에 필요한
장식을 급하게 만들었던 흔적이라고 할 수 있다. 이 유물은 신라
의 천마도로 이어지는, 장례용 말에 뿔을 달던 초원 지역의 천마
풍습이 실제로 적용된 예를 보여 주는 중요한 자료인 동시에 당
시 황금을 실제로 어떻게 가공했는지를 알려 준다.

# 흉노 시기

## (기원전 2~1세기)

흉노는 동아시아 유목민을 대표하며 또한 각지에 황금 문화를 퍼뜨린 주력으로 널리 알려져 있다. 실제 그들의 역사는 매우 복잡해서 1000년 가까이 이름이 등장한다. 중국 문헌에 따르면 흉노는 전국 시대 말기에 중국 북방에서 이미 강성한 세력으로 등장한다. 물론 흉노라는 기록이 등장해도 여전히 호(胡), 동호(東胡), 월지(月氏) 등의 기록도 계속 보인다. 즉, 흉노는 기원전 4세기경에 처음 중국 기록에 등장한 이래 주변의 여러 유목민족을 통합하여 세력을 키웠다. 흉노가 강성한 국가로 대두되는 시점은 기원전 3세기 말이었으며, 두만 선우(頭曼單于)를 물리치고 강력한 왕권을 잡은 묵특 선우(冒頓單于)가 등장했다. 흉노가 실제 국가를 이루어서 중국과 대적한 기간은 기준에 따라 차이가 있겠지만, 사서를 기준으로 본다면 대략 진나라에 협공하는 기원전 318년을 시작으로 볼 수 있다. 그리고 최후는 알타이산에서 마지막으로 한과 남흉노의 연합군에 패퇴하고, 북흉노 세력이 키르기스스탄에서 마지막으로 세력을 유지한 서기 166년이라고 볼 수 있다. 즉, 중국 기록에 출현한 흉노의 주체 세력이 실질적으로 활동한 시기만 해도 450년이 넘는다. 여기에 흉노 이전에 중국 북방 지역에서 유목민족 집단이 본격적으로 등장한 시기와 흉노 이후 훈족의 발흥과 그 후예를 자처하며 유라시아 각지에서 발흥한 유목국가를 감안하면 흉노가 역사에 등장한 시기는 1000년 가까이 늘어난다. 물론 흉노의 발흥 직전과 직후를 모두 흉노로 포함할 필요는 없지만, 적어도 흉노라는 세력이 동아시아와 북방 유라시아에서 차지하는 비중을 상징적으로 잘 보여 준다. 이후 묵특 선우가 국가를 정비하고 동호, 월지 등 인접한 유목민과 반(半)유목사회 지역을 차례로 복속하여 지역을 확대해 가면서 영향력이 급속도로 커졌다. 흉노의 성립 전후를 주요한 역사적 사건과 고고학적 문화로 대입하면 표 1과 같다. 흉노의 형성기인 기원전 4세기를 전후한 상황에서 몽골에서는 판석묘 문화가 감소한다. 또한 중국 북방에서는 기존의 오르도스 청동기 문화[13] 등이 쇠퇴하며 중국 서부에서 유입된 새로운 문화[서융(西戎) 문화 등]가 발달한다. 이러한 변화는 중국 북방의 제 후국들이 장성을 축조하여 거점 위주의 지배 체계가 영역화하는 과정과 연동되어 중국 북방의 여러 국가와 충돌을 일으킨다.

**표 1. 흉노의 흥망성쇠와 중앙아시아로의 이동**

| | 연대 | 역사 기록 | |
|---|---|---|---|
| 흉노의 성립기 | 기원전 4세기 말~3세기 말 | 흉노, 중국 사서에 진(秦)과 대립하며 등장, 흉노 이외 임호, 누번 등이 가끔 보임 | 서융 문화[룽시(隴西) 지역], 후루스타이(呼魯斯太), 위룽타이(玉隆太), 시거우판(西溝畔, 오르도스) |
| 흉노의 전성기 | 기원전 3세기 말~71년 | 두만/묵특 선우, 백등산 전투 이후 화친. 월지, 동호, 정령(丁零), 견곤(堅昆), 누번(樓煩) 등을 통합 | 치헤르틴 저 무덤 (몽골 중부) 하르가닌 두르불진 성터 |
| 한-흉노의 세력 역전 및 분열 시기 | 기원전 71년~ 서기 48년 | 남북 흉노의 1차 분열 (기원전 48년) 및 질지 선우(郅支單于) 살해 기원전 36년) | 본격적으로 대형 고분 축조 시작(고고학으로 확인되는 대형 고분의 시기) |
| 북흉노 패퇴기 | 서기 48~91년 | 명제와 북흉노의 화친 (서기 61년) 이후 북흉노의 최후 전쟁 | 남흉노는 중국식 고분 사용 북흉노는 패주 이후 고분 소멸 신장성과 알타이에 북흉노의 흔적 남김 |
| 북흉노 중앙아시아 잔존기 | 91년~161년 | 키르기스 지역에서 북흉노 잔존 | 켄콜(kenkol) 문화 및 민족 대이동 이전 시기에 해당 |

따라서 흉노의 본격적 황금 문화는 기원전 4세기 말~1세기로 한정해서 볼 필요가 있다. 이 시기 '동물 양식'은 점차 쇠퇴하고 도식화된다. 이후 유색 보석을 상감기법으로 삽입하거나 누금기법, 기타 장식 기법을 활용하는 다색 장식(polychromy) 양식이 동물 양식의 자리를 대체하게 된다. 공예 작품에서 동물 모습은 도식화되어 화려한 다색 장식과 결합하였다. 또한 황금 장식에도 중국의 영향을 받은 것이 명백한 용무늬나 인물 장식이 나타난다. 지역은 다르지만 아프가니스탄의 틸리야-테페에서 보이는 황금 문화도 이러한 문화 변화의 일부다.

중앙아시아 사카 지역이 흉노의 발흥과 연동되는 것은 표 1에서 확인할 수 있다. 중국과 충돌은 흉노가 서역 및 중앙아시아 네트워크와 연동되었기 때문이다. 다만 흉노 시기에 카자흐스탄 일대에서는 대형 쿠르간이 사라지기 때문에 정확한 출토 상황을 파악하기는 어렵다. 대신 카자흐 동남쪽 제티수의 중심인 알마티 근처에서 카르갈리(kargaly) 유적이 우연히 발견되었다. 여기에서는 쌍봉낙타 모양의 반지 두 점, 산양 소상 열 점, 귀걸이 한 점, 치레거리 다수가 나왔다. 모든 유물은 금으로 제작되었으며 터키석이 상감되어 있다. 특히 흥미로운 출토품은 카르갈리 다이어뎀(diadem)이라 불리는 머리 장식이다(그림 2-9). 관식 전체의 가로 길이는 35센티미터, 세로 길이는 4.7센티미터인데 테가 있으

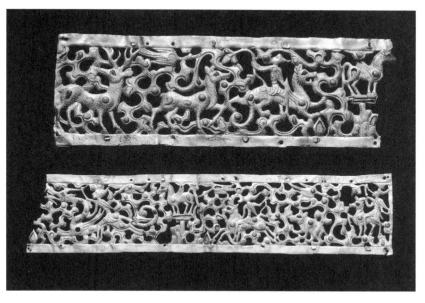

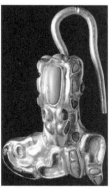

그림 2-9. 카자흐스탄 카르갈리 퇴장 유적 출토 황금 유물

며 그 안쪽에는 동물, 새, 사람의 모습이 압인 기법으로 찍어 낸 정교한 식물 문양에 둘러싸여 있다. 문양에는 초원 지역의 양식 뿐 아니라 중국의 영향이 분명한 사람, 관식, 용과 유사한 형상이 잘 표현되어 있다. 흉노 시기 이 지역에는 오손(烏孫)이 거주했으며, 이들 중 중국의 양식을 잘 아는 장인들이 황금 유물을 제작했음을 알 수 있다.

# 민족의
## 대이동 시기
### (훈족의 시기, 서기 3~5세기)

흉노가 사라진 이후 서기 3~5세기에 유라시아 초원은 큰 세력들과 거대한 고분이 사라지는 일종의 공백기와 같은 상황이 된다. 물론 실제 사람이 살지 않았던 것이 아니라 흉노의 뒤를 이은 훈족이 이동하며 새로운 황금 문화가 널리 확산되는 역동적 시대였다. 이를 훈족이 야기한 거대한 민족들의 이동과 교체의 시기라는 점에서 '민족의 대이동 시기'라고 한다. 그리고 그들의 영향이 미친 범위는 게르만족의 대이동으로 대표되는 유럽과 중앙아시아, 동쪽으로는 신라에 이른다.

민족의 대이동 시기 훈족의 황금 예술은 누금세공과 보석을 박는 상감기법이 널리 유행한다. 신라에서는 황남대총 출토 황금 팔찌나 계림로 출토 황금 보검과 같이 홍마노 또는 석류석 등 보석류를 박은 황금 유물이 카자흐스탄뿐 아니라 유라시아 전역, 나아가서 유럽 전역으로도 확산된다. 이러한 훈족 계통 황금

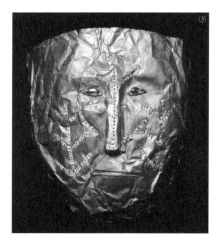

그림 2-10. ① ② 신장 보마 출토
③ 샴시 출토(키르기스스탄 국가역사박물관 소장)
④ 서부 시베리아 출토 ⑤ 크림반도
훈 시기의 고분 우스티-알마(усть-алма,
아이바빈, 2019)

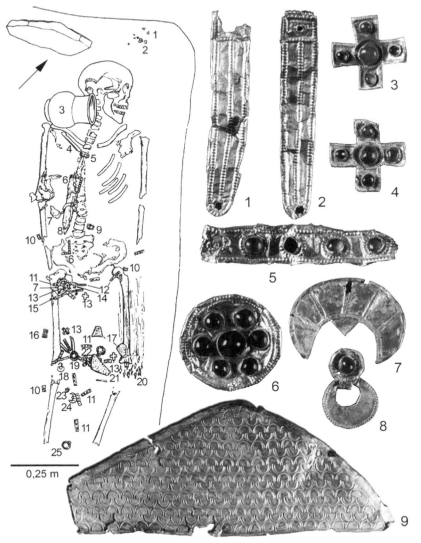

0,25 m

문화의 확산은 유라시아 초원 지역의 대변동(민족의 대이동 시기)에 따른 초원 문화의 확산과 주변 정착 지역의 국가 형성에 따른 새로운 위신재의 수입과 이데올로기의 도입이라는 내외적 조건이 만나서 이루어진 결과다.

이렇듯 유목민의 황금 문화가 주변 정착 국가로 확산되며 각지에 맞게 변용되고 재창조되는 현상이 발생했다. 그 대표적 예가 바로 금관과 황금 마스크다. 중앙아시아의 사카 문화에서도 관모를 황금으로 장식하는 풍습은 있었다. 하지만 기마가 일반적인 사카인들 사이에서 금관은 사용되지 않았다. 반면에 초원 주변 지역에서 황금 문화가 두 갈래로 변화된다. 이는 크게 금관으로 표현되는 지역과(신라, 아프가니스탄의 틸리야-테페, 흑해 연안의 사르마트), 황금 마스크[키르기스스탄 샴시, 티베트 자다춰타(札達曲踏), 신장 일리 보마(波馬), 네팔 북부 무스탕, 헝가리 일대 등]를 쓰는 중앙아시아 남부 지역으로 나뉜다.

금관이 사용되는 지역은 주로 여성이 사용한 예가 많다. 즉, 사카 계통 문화에서 황금 인간은 주로 기마 집단의 통치자를 상징하는 매개물이었지만, 금관은 주로 종교적 역할을 담당하는 집단의 전유물이었다. 특히 키르기스스탄의 대표적 호수인 이시크쿨 서쪽에 위치한 샴시에서 발견된 황금 마스크가 유명하다. 이 마스크는 서기 5~6세기경 이 지역에서 신라인들처럼 거대한 고

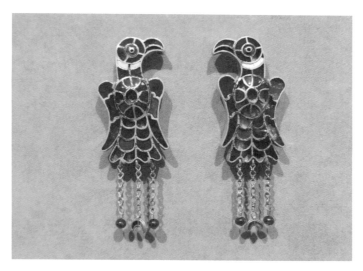

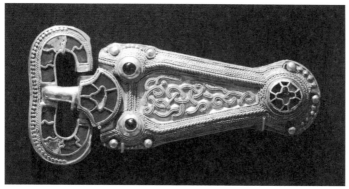

그림 2-11. 훈족 황금 및 서턴 후 유물(위, 영국박물관 소장)과
유럽 동고트의황금 유물(아래, 뉴욕 메트로폴리탄박물관 소장)

분을 만들며 살던 오손이라는 유목민들의 무덤에서 발견되었다. 이 삼시 출토의 황금 마스크를 쓴 사람은 여성이었다. 그리고 황금 마스크의 눈을 보석으로 장식하고 코나 입도 막혀 있어서 산 사람은 쓸 수 없으니 매장용으로 만든 데스마스크임도 밝혀졌다. 여성이 쓰는 장례용 황금제 머리 장식이라는 점은 놀랍게도 신라와 유사하다. 훈 시기 황금 문화의 확산과 이데올로기의 도입이라는 점에서 두 지역 간의 유사성이 발현된다고 볼 수 있다.

훈족 시기의 가장 큰 특징은 다채 장식과 보석 상감 유물이 유럽 전역까지 널리 확대된다는 점이다. 훈족 시기 크림반도의 유물(그림 2-10), 나아가서 영국 남부 서턴 후(Sutton Hoo)의 유명한 황금 유물[14]도 훈족의 민족 대이동 시기와 관련되어 있다. 이렇게 동유럽으로 확산된 것은 메로빙거의 황금 예술 확산과 관련되어 있다. 게르만족의 대이동이 일어난 서기 300~900년은 예술품이 아주 번성하는 시기다. 훈족의 영향력은 게르만 계통 민족들의 확산과 함께 유럽 전역으로 퍼졌고, 그들 사이 공통적 예술 양식을 흔히 '민족의 대이동 시기 예술(Migration period art)'이라고 한다. 이렇게 중세 암흑기에 유럽 전역에서 널리 유행한 황금 예술은 서기 4세기경 훈족의 발흥과 함께 이 지역으로 유입된 거대한 황금 제작 기술과 연결되었다. 훈 시기의 유물은 멀리는 신라에서도 발견되고, 시베리아 일대에서도 발견된다.

3

동아시아,
황금으로
물들다

2장에서 살펴본 것처럼 만주를 포함하는 중국 북방 일대에 황금이 널리 확산된 때는 대략 기원전 20세기경이 된다. 중국 서북지역 및 네이멍구 동남부 샤자뎬 하층문화에서 황금 유물이 최초로 출토되었다. 이 초기의 황금 유물은 나팔형 귀걸이로 기원전 20~15세기에 전차(chariot)가 동아시아로 확산하는 것과 연동된다. 중국 북방에서는 유라시아 초원 지대의 안드로노보 문화 무덤과 마찬가지로 주로 여성의 몸에서 팔찌, 귀걸이 등 황금 장신구가 본격적으로 출토된다. 안드로노보 문화의 황금 제작 기술은 상나라로까지 이어졌다. 중국 북방의 대표적 상나라 시기 무덤 유적인 베이징 류쟈허(劉家河)에서도 나팔형 귀걸이가 발견되었다. 이들 시기는 중국 편년으로는 하-상 시대, 그리고 고고학적으로는 초기 청동기 시대로 대략 3500년 전이 되면 중국 북방 지역 일대에는 유라시아 초원에서 유입된 황금 제작 기술이 널리 퍼지게 된다.

　동아시아의 황금 문화 유입은 유라시아 고고학 편년으로 하면 중기 청동기(Developed bronze age)에 해당하는 시기[1]로 늦은 편이다. 이러한 지체 현상은 단순한 기술의 지체나 경제력의 차이 때문은 아니다. 청동 제련술 자체는 하 시기와 상나라를 거쳐서 다양한 청동 예기의 제작이 시작된 것으로 볼 때 당시에 이미 급격하게 발달했다고 볼 수 있다. 청동 제련술의 발달에 비하여 황금은 소수의 장신구류에 머무른다.

　한반도와 일본은 황금을 받아들인 시기가 더욱 늦다. 한국은 기원 전후한 시기인 2000여 년 전에 평양의 낙랑 유적에서 처음 등장했다. 일본의 황금 유물이 최초로 확인된 때는 야요이 시대에 해당하는 서기 1~2세기로 추정된다. 일본 최초의 황금 유물은 '한왜노국왕'이라는 글자가 새겨진 인장으로 중국에서 일왕에게 하사한 것이라 일본에서 직접 제작한 것은 아니다. 일본에서 본격적으로 황금을 만들고 쓰기 시작한 때는 5세기 후반으로 이나리야마 고분(稻荷山古墳)에서 출토된 도금 철검이 일본 최초의 황금 유물이다. 한반도에 황금이 늦게 도입된 사실은 역사 기록에서도 찾아볼 수 있다. 《후한서》의 기록을 참고해 보자.

　마한 사람들은 금, 보화, 비단, 융단을 귀하게 여기지 않으며 우마를 탈 줄 모른다. 오히려 영주(늘어뜨리는 구슬)를 귀하게 여겨 옷에 꿰매어 장식으로 삼고 목에 걸거나 귀에 단다.[2]

이 기록에 따르면 마한에는 북방의 기마 문화가 유입되지 않은 듯 사람들이 말을 타지 않으며 또한 황금을 귀하게 여기지 않는다. 대신에 몸에 매다는 구슬을 장식한다고 했으니, 이는 대체로 곡옥과 같은 옥제 장신구를 의미한다. 즉, 남한에서 본격적으로 자체적인 황금 문화가 번성한 때는 신라 내물왕 대 적석목곽분이 사용되던 시기라고 할 수 있다.

이와 같이 동아시아에 황금 문화가 처음 도입된 시기는 4000년 전으로 전반적으로 다른 고대문명 지역보다 늦은 편이다. 하지만 유입된 황금 제작 기술과 양식은 유라시아 초원 지역을 통해서 들어온 흔적이 뚜렷하다. 즉, 황금 문화의 확산은 다양한 시기 동서 문명의 교류를 보여 주는 셈이다. 중국과 한국을 포함한 동아시아 일대로 확산되는 유라시아 황금 문화를 시기별로 살펴보겠다.

# 초기 황금의 등장:
## 안드로노보 문화에서
상나라까지

동아시아 황금의 유입은 유라시아의 야금술이 동아시아로 확산
되는 것과 궤를 같이한다. 유라시아 최초의 청동기 문화인 아파
나시예보 문화인들은 중국 신장성 일대까지 정착했다. 신장 북
부 지역과 몽골의 서부 일대에 보이는 그들의 흔적을 고고학에
서는 체무레체크(Chemurechek) 문화라고 한다. 이 시기 이미 시베
리아 일대의 아파나시예보 문화에서는 황금 유물이 등장했지만
아직 중국(현대의 중국 영역)에서는 발견된 바가 없다. 동아시아 최
초의 황금 유물은 간쑤성 위먼 휘사오거우(甘肅省 玉門 火燒溝) 유
적에서 나왔다(그림 3-1). 여기에서는 기원전 2000년대의 황금
장식이 출토되었는데, 금판을 접어서 만든 것이다.

　이 시기에 나팔형 귀걸이가 중국 북방 지역에 널리 확산되었
다. 샤자뎬 하층문화와 간쑤성의 제가 문화에서 소수의 장식이
발견되었는데, 금판이나 금실을 접는 방법만 한정적으로 사용되

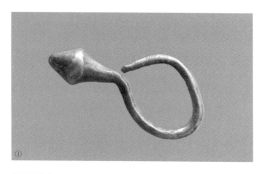

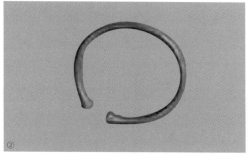

그림 3-1. 기원전 20~15세기 중국 최초의 황금 유물
① 신장 호탄 류수이(流水) 무덤 ② 간쑤 위먼 훠사오거우 유적

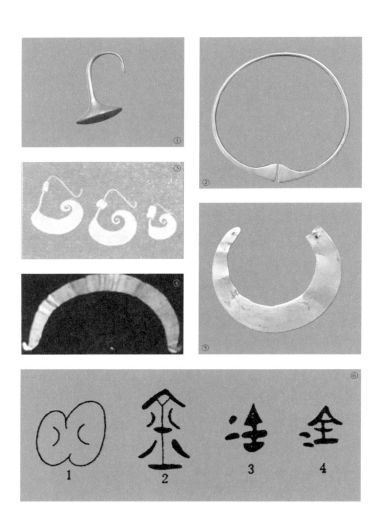

그림 3-2. 상나라 시기 중국 북부의 황금 유물과 갑골문
①② 허베이성 핑구 류쟈허 출토 귀걸이와 팔찌 ③④ 산시성 바오더현 출토
⑤ 칭하이(靑海 下牛主窪) 21호 ⑥ 상나라~주나라 대 갑골문에 새겨진 '金'(1 상, 2~4 서주
청동기의 금문)

었다. 이와 같은 지체 현상은 후술하겠지만 동아시아에서 옥기 전통이 강했던 상황과 함께 기술이나 경제력의 차이로 설명할 수 있다.

기원전 13~10세기 대는 대체로 유라시아 편년에서 카라수크 문화 단계(후기 청동기 시대)로 상나라 시기에 해당한다. 상나라의 갑골문에 이미 '金' 자가 등장하지만(그림 3-2), 이것은 황금이 아니라 청동을 함께 의미한다. 상나라에서 황금 유물은 금박을 다른 재질의 물건에 붙인 형태로 발견된다. 칠기[허베이 타이시(河北臺西) 유적], 목기나 청동기[허난 인쉬(河南 殷墟)] 등에서 금박이 발견된다. 다만 상나라의 찬란한 문명에 비하면 황금의 양은 그렇게 많지 않은 편이다. 상나라의 황금 채굴 방법은 알려진 바가 없다. 허난 인쉬에서는 1량 무게의 금괴가 발견되었는데, 용융한 자연금이다. 사금을 녹여 넓게 펴서 금박으로 만들기 위한 전 단계의 상태다.

상나라의 황금제 장신구 대부분은 당시 상나라 북쪽 경계 지역에서 출토된다. 대표적으로 허베이 핑구 류쟈허(平谷 劉家河)의 팔찌 및 귀걸이와 산시 바오더(山西 保德)에서 출토된 목걸이 등이 있다. 이들은 상나라 수도 인쉬에서 출토된 금박을 입힌 유물과 다른 계통으로 둘 다 앞에서 설명한 초기 초원 지역에서 발달한 장신구의 영향을 받은 것임을 방증한다.

상나라의 유물이 극히 일부 장식에만 머물렀던 시기에 황금을 활발하게 사용한 곳은 중국 서남부로 쓰촨 싼싱두이(三星堆) 문화가 대표적이다. 싼싱두이 유적은 쓰촨의 성도인 청두에서 한 시간 정도 가면 나오는 광한시(廣漢市)에 있다. 1930년대 이 지역에서 활동했던 미국 출신의 데이비드 그레이엄에 의해 처음 발견되었지만, 본격적으로 황금 유물이 발굴된 것은 1986년이었다. 이때 발굴된 싼싱두이의 제사 구덩이 속에서는 큰 눈을 부라리게 뜬 청동 인물상을 비롯하여 중원과는 완전히 다른 양식의 다양한 청동 유물이 다수 출토되었다. 그와 함께 화려한 황금 유물도 다수 발견되었다.

싼싱두이 문화는 기원전 13~10세기 대로 편년되는데, 이 지역의 전통적 주민인 파촉의 선조다. 이들의 황금 유물은 황금 머리띠, 호랑이형 장식, 새 장식 등 다양하다. 하지만 제작 기술은 단조로워서 금판을 얇게 만들어 그 위에 새김 기법으로 그들이 믿는 각종 신이나 동물을 새기는 것이 주를 이룬다. 다만 싼싱두이에서 주목할 만한 것은 황금 마스크의 등장이다. 이 황금 마스크는 눈알이 툭 튀어나온 싼싱두이의 대표적 청동 인물상의 얼굴을 덮은 것이다(그림 3-3).

황금 마스크는 싼싱두이에서 발견되는 수많은 청동 마스크 중 일부에서만 발견되었다. 아마 신상으로 모셔 둔 청동상에 사람들이 여러 차례에 걸쳐서 금박을 입혔고 중간에 많이 떨어져 나갔을 것으로 추정한다. 황금 마스크의 정체는 역사 기록을 참고하여 파촉의 신으로 추정한다. 한나라 시절 역사책에서는 촉나라의 선조를 잠총(蠶叢)과 종목(縱目)이라고 기록했다. 잠총은 마치 한국의 단군처럼 신화 속 인물로서 촉나라의 조상으로 칭송받았다. 그런데 '잠총'이라는 말을 풀면 누에를 친다는 뜻이다. 실제로 싼싱두이 유적에서 탄화된 천 조각이 나왔는데, 중국 학자들은 이것을 실크라고 판정했다. 누에의 단백질 성분이 검출되었기 때문이다. 비단이라면 우리는 흔히 한나라 때의 실크로드를 떠올리는데, 싼싱두이의 비단은 그보다 적어도 1000년 이전부터 실크를 사용했다는 것을 의미한다. 사실 놀랄 일은 아니다. 야생 누에를 이용한 실크는 중앙아시아와 인도에서 수천 년 전부터 발달했다. 2500년 전 파지리크의 무덤에서도 실크로 짠 블라우스가 이미 출토된 적이 있다. 다만 '양잠', 즉 누에를 친 전문적 기술로 고급 실크를 만들어서 사방에 수출했다는 차이가 있을 뿐이다. 원래 중앙아시아 사람들은 예전부터 야생의 누에 고치에서 실을 뽑아서 옷을 만들어 왔다는 사실이 고고학으로 밝혀졌다. 다만 야생 누에고치에서 뽑은 실은 울퉁불퉁하고 엉킴 현상이 더 강해서 좋은 옷을 만들기 어렵다. 누에를 전문적으로 키우는 양잠 기술이 발달하면서 우리가 알고 있는 고운 실크가 등장했다. 쓰촨의 옛사람들은 실크로드가 등장하기 훨씬 전에 세계 최초로 양잠 기술을 개발한 것이다. 심지어 그들의 명성은 한자에도 남아 있다. 이 지역의 주민을 의미하는 '촉(蜀)' 자는 뽕나무에서 기어다니는 누에를 형상화했다.

싼싱두이의 신상에서 황금 마스크를 두른 것은 몇 점 안 된다. 아마 신상 대부분은 화려한 실크로 얼굴과 온몸을 둘러서 치장했을 것이다. 비단으로 치장하면서 사람들은 더 많은 누에고치에서 화려한 비단실을 많이 뽑기를 바랐을 것이다.

그런데 또 다른 이름인 '종목'은 글자 그대로 해석하면 눈을 세로로 세운다는 뜻이다. 치켜뜬 눈은 바로 지혜의 상징인 천리안(all seeing eye)을 뜻한다. 싼싱두이를 만들고 모시던 쓰촨의 옛사람들은 자신들의 신이 천리안을 가졌다고 믿었다. 싼싱두이에 제단을 만들어 신상에 황금으로 마스크를 입혔고 눈매는 툭 튀어나오게 했다. 실제 이 신상을 직접 바라보고 있노라면 황금의 찬란함으로 눈빛이 현현해 보일 것이다. 그렇게 쓰촨의 옛사람들은 자신들의 신이 천리안으로 사방을 비추어서 세계를 평안하고 행복하게 만들어 줄 것으로 믿었다. 싼싱두이 유적에서 태양을 상징하는 바퀴 모양의 거대한 청동기도 발견되는 것으로 볼 때 이들은 황금빛으로 대표되는 태양 또는 신을 숭배했을 가능성도 있다.

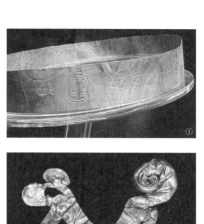

그림 3-3. 싼싱두이 문화의 황금
싼싱두이 유적에서 나온 ① 머리띠 ② 호랑이형 장식 ③ 황금 마스크를 입힌 청동
두상(진사 유적 출토) ④ 금박을 입힌 청동 마스크(쓰촨 청두 소재 진사박물관 특별전, 2018)

# 진(秦)나라와 만주, 비파형동검 문화로 확산되는 황금

유라시아의 스키토-시베리아 문화가 널리 확산되는 시기에 중국 북방은 크게 두 지역에서 그들의 영향을 받은 문화가 발달한다. 중국 서북의 진나라와 그 주변 지역, 중국 동북 지역 네이멍구 동남부의 샤자뎬 상층문화와 그 영향을 받아 고조선의 기반을 형성하는 비파형동검 문화다.

**진나라 진식검의 등장(기원전 8~6세기)**

중국에서 본격적으로 황금 문화가 발달하는 시기는 기원전 9~8세기로, 유라시아 편년으로 하면 스키토-시베리아 시대에 해당한다. 이때가 되면 한자로도 황금과 동을 뚜렷하게 구별해서 쓰게 된다.[3] 그리고 본격적으로 중원의 여러 제후국에서도 황금이 사용되기 시작한다. 이는 중국 서북 지역에 위치하여 유라시아 초원 지역과 연결 고리 역할을 했던 춘추 시대의 진(秦)나라에서 시작되었다. 진나라가 본격적으로 등장한 때는 기원전 9세기로, 시조는 진비자(秦非子)고, 31 대손인 영정이 기원전 221년에 진시황으로 등극하기까지 600여 년간 중국 서북방의 제후국으로 존재했다. 진의 왕과 귀족의 고분에서 출토된 특유의 장식성이 강한 진식검(秦式劍 또는 花格劍)은 동물 장식과 함께 초원 지역과 중원의 중간에 있는 진의 성격을 잘 보여 준다(그림 3-4).⁴ 기원전 7세기경 진목공(秦穆公, 기원전 659~621) 때에 서융을 제압하고 이 지역의 패권을 잡은 이래 지속적으로 서쪽의 유목민족들을 받아들여 자국의 일원으로 만들었다.⁵

진은 그 이전의 주와 함께 중국 서북 지역에서 거주하던 유목 문화의 성격이 강한 이민족 집단에서 시작되었다. 역사에서 최초로 확인되는 진나라 관련 기록은 기원전 9세기 비자의 치세까지 거슬러 올라간다.

진나라의 형성과 발달은 중국 서북 지역의 초원 민족들과 함께 경쟁하며 진행되었다. 역사 기록에 따르면 비자가 처음 지금의 산시성에 도읍했을 때는 서쪽 유목민인 서융의 등쌀에 제대로 국력을 펼 수 없었다. 진이 비로소 나라의 기틀을 갖춘 것은 수차 수도를 옮기고 기원전 7세기 목공이 서융 세력을 제압하면서부터라고 한다. 이러한 일련의 과정은 실제로 진나라가 서쪽

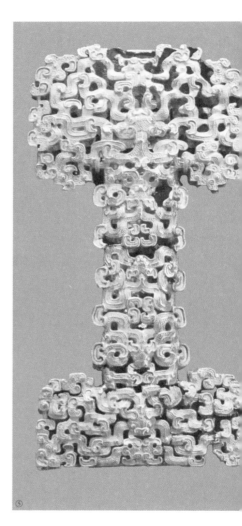

그림 3-4. 산시 이먼춘(益門村)에서 출토된 진식검(①②③④)과
영국박물관 소장 진식검(⑤)

의 오랑캐들과 경쟁하고 잡거했다는 것을 의미하며, 이는 이 지역 발굴 현장에서 초원 민족의 색채를 강하게 띠는 황금을 비롯한 다양한 유물들이 등장하며 고고학적으로도 증명되고 있다.

　이 시기 진나라의 최고위 귀족과 왕은 황금으로 도철문을 화려하게 시문한 진식검을 사용했다. 바오지 이먼춘(益門村) 2호 출토품이 대표적이다. 이렇게 화려한 황금 보검은 같은 시기 중국의 다른 제후국에서는 전혀 보이지 않는다. 금병철검은 황금이 신분을 상징하는 유력한 도구로 사용되기 시작했음을 의미한다. 금병철검과 비슷한 양식의 손잡이는 같은 시기(기원전 8세기) 카자흐스탄 지역에서도 청동제로 널리 사용했으므로, 그 영향이라고 할 수 있다. 즉, 서쪽 사카 문화의 영향을 받은 진나라가 부와 권력이 더욱 집중되면서 진식검의 칼자루를 황금으로 만들어 재창조한 셈이다. 그리고 그러한 황금 보검이 진나라 왕족을 대표하는 상징이 되었다는 것이 바로 진나라의 정체성을 나타내는 좋은 예다. 진나라의 초원 지역 황금 도입과 사용은 나아가서 중국 내에서 귀족들을 중심으로 황금 유물이 널리 확산되는 단초를 제공했다고 할 수 있다.

## 만주의 청동기 문화: 샤자뎬 상층문화

샤자뎬 상층문화(夏家店上層文化)는 기원전 12~7세기에 네이멍구 동남부에서 번성한 대표적 청동기 문화다. 고조선의 비파형동검 문화 형성에 결정적 영향을 미쳤으며, 유라시아의 발달된 금속 문화를 만주와 한반도 일대로 전파하는 중간자적 역할을 했다. 즉, 샤자뎬 상층문화의 황금 문화는 이후 고조선으로 대표되는 비파형동검 문화의 원형이라는 점에서 한국 황금 문화의 형성과도 연관된다.

　현재까지 발굴 결과 샤자뎬 상층문화에서 황금은 가장 마지막 단계로, 대체로 기원전 8세기 대로 편년되는 난산건(南山根) 102호 묘와 샤오헤이스거우(小黑石溝) 8501호 묘와 같은 최고위급 족장의 무덤에서 주로 발견되었다. 샤자뎬 상층문화의 황금 예술에서는 스키타이 계통의 역동적 동물 장식과 그 이전 시기부터 사용된 황금 팔찌 등이 함께 나타난다. 특히 샤오헤이스거우 8501호 묘에서 출토된 뒤를 돌아보는 역동적 동물 장식은 샤자뎬 상층문화의 황금 예술을 파악할 수 있는 중요한 자료다. 실물을 관찰한 결과[6] 별도의 타출 흔적이 전혀 없으며 기포가 빠져나간 흔적이 있으므로, 실랍법을 이용한 거푸집 성형으로 추정된다. 또한, 말갈기와 원형 황금 장식(그림 3-5)에서는 금선에

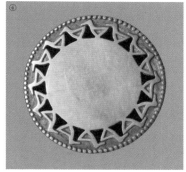

그림 3-5. 네이멍구 샤자뎬 상층문화 샤오헤이스거우 8501호 묘 출토 황금 장식(기원전
8세기, ①②③④)과 타출 기법으로 만든 황금 장식(아르잔 2호 고분, ⑤)

일정한 홈을 판 것이 마치 구슬을 붙인 듯해 모양새가 누금세공과 유사하다. 황금을 제작하는 고급 기술이 본격적으로 도입되지는 않았지만, 당시 초원 유목 문화에서 갓 도입된 기술들을 조금씩 모방하여 주문자의 구미에 맞게 만들었다고 볼 수 있다. 샤자뎬 상층문화는 비파형동검으로 대표되는 고조선 청동기 문화의 원류로, 샤자뎬 상층문화와 남쪽으로 이어져 있는 요서 지역의 비파형동검 문화에서도 그 영향을 받은 황금 동물 장식이 발견되었다. 예컨대 랴오닝 링위안 싼관뎬쯔(三官甸子) 유적에서는 뒤로 돌아보는 맹수와 사슴류 등 초식동물을 역동적으로 표현한 황금제 동물 장식이 발견되었다. 만주와 한반도 일대에서 최초의 국가를 이룬 고조선의 황금 문화 경로를 잘 보여 준다.

# 만리장성의
## 등장과
## 황금의 확산

중국 내 황금 문화는 대체로 기원전 4세기, 즉 전국 시대 말기에 큰 변혁을 겪는다. 그 배경에는 중앙아시아에서 유입된 사카 계통 유목 문화가 있다. 사카 문화는 기원전 1000년기 유라시아 일대에 분포한 유목 문화로, 유목 경제에 기반해서 전쟁, 교역 등으로 다양한 물질문화를 원거리로 교류했다. 기원전 4세기를 전후해서 카자흐스탄의 사카계 황금 문화는 중국 신장성 일대를 거쳐서 중국 북방 지역으로 널리 확산된다.[7] 사카 문화의 적석계 목곽분은 인접한 신장 일리 지역 일대로 널리 분포한다.

적석계 목곽분은 동아시아와 중원 지역으로는 널리 확산되지 못했다. 그 배경에는 상대적으로 돌이 부족한 중원 지역의 지리적 환경과도 관련이 있다. 반면에 사카 특유의 황금 장식은 동쪽으로 널리 확산된다. 기원전 4세기를 전후하여 오르도스 지역 일대에는 기존의 동물 장식 및 유목 문화와 다른 새로운 형태의 유물이 등장한다. 일찍이 오은(烏恩)과 임운(林沄)은 1980년대부터 이미 기원전 4세기 전후로 중국 북방 지역에 등장하는 화려한 괴수문과 황금 장식으로 대표되는 이질적 문화를 지적했다.[8] 바로 이들은 남부 시베리아나 몽골의 문화계통과 달리 남부 시베리아의 파지리크 문화와 유사성이 지적되었다. 사실 파지리크 문화도 사카 문화가 동북쪽으로 확산된 것이므로, 결국 카자흐스탄을 중심으로 확산된 사카 문화의 영향이다. 이후 신장 알라거우(阿拉溝), 야르호토(交河古城 北溝), 네이멍구(內蒙古) 알루차이덩(阿魯柴登) 등의 유물이 잇달아 보고되면서 사카 문화의 동진 과정에 관한 자료가 축적되었다. 최근에 결정적으로 간쑤성 마자위안(馬家塬) 유적에서 서융의 대형 고분들이 발굴되었는데, 여기에서 이와 관련한 유물이 대량으로 출토되면서 중앙아시아와 오르도스 고원 지대 사이의 공백을 메꾸게 되었다.

최근 중국 북방 지대에서 축적된 사카계 황금 유물들의 분포를 보면 사카계 황금 유물이 기원전 4~3세기에 빠르게 중국 북방으로 확산되었음을 알 수 있다. 또한 문헌상에는 기원전 4세기에 중국 북방에 흉노가 본격적으로 등장하는데, 당시에 묵특선우 세력이 월지, 동호 등 주변의 유목민족을 통합하는 과정에서 새롭게 등장하기 때문이다.[9] 기원전 4세기 중앙아시아에서 시작되어 중북 북방으로 확산되는 사카계 황금 문화를 지역별로 살펴보면 다음과 같다.

## 신장 투루판 지역

일리 지역에서 확산되는 사카 문화의 흔적이 잘 남아 있는 대표적 유적으로 알라거우가 있다.[10] 알라거우 유적은 우루무치-투루판-허징(和靜) 사이의 톈산산맥 중간 자락에 있다. 1976~1977년에 무덤 4기가 발굴되었으며, 무덤군은 동북-서남 방향으로 약 10미터 간격을 두고 일렬로 배치되어 있었다. 발굴된 무덤 중 가장 대형인 30호 무덤은 외형 구조가 18호와 유사하지만, 묘실이 길이 6.56미터, 너비 4.22미터, 높이 7.1미터로 목곽이라기보다 귀틀(목실)묘에 가깝다. 목곽의 형태 및 시신을 남쪽 변 한쪽에 치우지게 묻는 방법 등은 사카 문화와도 유사하다. 알라거우 유적이 주목되는 이유는 여기에서 출토된 사카 계통의 황금 유물 때문이다(그림 3-6). 구체적으로는 원형 호랑이 장식(30호)이 8건 출토되었다. 4건이 출토된 맹수 사냥문 금장식(30호)은 스키토-시베리아 유형의 동물 장식에 속한다. 장방형의 사자형 금박(30호)은 길이 20.5센티미터로 맹수가 구부려서 도약하는 자세를 타출 기법으로 표현했다. 앞발을 앞으로 뻗고 하체를 만곡하게 표현한 형태는 스키토-시베리아 유형의 후기 유물에서 널리 나타난다.

아울러 중국에서 유입된 것이 분명한 칠기 편, 비단 의복 편 등이 발견되었다. 알라거우에서 출토된 목관의 절대 연대 측정 결과 대체로 중심 연대는 기원전 4세기 대로 추정된다. 알라거우 유적 출토 유물과 무덤의 형태는 신장성 서쪽의 카자흐스탄 제티수(=세미레치예) 지역의 고분 문화와 유사성이 더 많다. 하지만 황금으로 만든 동물 장식은 알타이 산악 지역의 파지리크 문화와도 매우 유사하다. 카자흐스탄에서 시작된 사카 문화가 신장과 알타이 일대로 확산되어 가는 과정을 보여 주는 유적이다.

신장의 또 다른 대표 유적인 교하고성의 거우시(溝西, 야르호토) 유적[11]에서 출토된 황금 유물은 이때 유입된 사카 문화의 황금이 이 지역에 토착화되어서 존속했음을 보여 준다. 전통적으로 야르호토로 불린다. 중국이 성립된 이후 교하 구서 유적으로 불리는 이 유적은 차사국(車師國)의 수도로 비정되며 투루판시에서 서쪽으로 10킬로미터 정도 떨어진 교하고성 동북쪽 맞은편의 대지에 분포한다.[12] 고분군은 삼면이 강에 의해 지속적으로 침식되는 대지에 있으며, 이 대지는 길이 5300미터, 너비 1000미터에 이른다. 차사국 시기의 무덤 200기, 당대 묘지는 1500여 기가 확인되었다. 거대한 고분군 중에서 특히 사카 문화의 영향이 나타나는 지역은 구서 고분군으로 기본적 묘제는 토광묘 및

그림 3-6. 신장 각 지역 출토 황금 유물(新疆維吾爾自治區, 2011)
①②③ 알라거우 ④⑤ 아허치(阿合奇) 쿠란사르커(庫蘭薩日克) ⑥ 터키쓰(特克斯)
차푸치하이(恰普其海) ⑦⑨ 니러커(尼勒克) 베터바쓰타오(別特巴斯陶) ⑩ 우루무치(烏拉泊)
⑧⑪⑬ 우쑤(烏蘇) 쓰커수(四棵樹) ⑫ 자오쑤(昭蘇) 샤타(夏塔)[13]

사카계와 다르지만 황금 유물은 강한 사카 문화의 영향을 보여 준다.

이 두 유적 이외에도 최근까지 조사된 신장 지역 실크로드 북로 지역을 중심으로 사카계 황금 유물이 다수 출토되었다(그림 3-6).[14] 각 유적의 묘제는 서로 다르지만 황금 유물의 제작 방법 및 양식은 모두 사카 계통이다. 또한 신장성 서부 지역의 하미 분지에서 발굴된 바리쿤 동헤이거우(東黑溝) 유적과 시거우(西溝) 유적에서도 사카계 문화의 황금 유물이 대량으로 발견되었다.[15] 이와 같이 카자흐스탄 동부에서 발원한 황금 문화는 사카 세력의 동진과 함께 중국 신장 지역 동북부에 사카 문화 적석계 고분을 남겼다. 이후 신장성 중부 투루판 분지 및 하미 분지 등 실크로드 북로 곳곳에서 발달한 지역 문화계에 사카계 황금 문화가 빠르게 유입되었다.

## 간쑤회랑

간쑤회랑 지역은 전통적으로 실크로드의 주요한 교통로로 지목되어 왔다. 특히 최근에 간쑤성 마자위안에서는 서융의 무덤이 발견되어서 사카의 황금 문화가 중국 북방 지역으로 유입된 주요한 루트가 규명되었다. 마자위안의 발굴로 전국 시대 중말기

(기원전 4~3세기) 시거우판, 알루차이덩 등 오르도스 지역에서 빈번하게 출토되는 새로운 형태의 동물 장식(고도로 강조된 괴수형 동물, 과장된 뿔과 새의 부리를 한 사슴, 화려한 황금관 등)의 기원이 중앙아시아 카자흐스탄의 사카 문화라는 점 그리고 그 문화가 간쑤회랑을 거쳐서 서융으로 대표되는 이 지역의 토착화된 집단을 통해 북부 중국으로 거쳐 갔음이 증명되었다. 마자위안 유적은 2006~2011년에 발굴되었으며[16] 괴수문의 황금 장식과 함께 파이앙스(faience) 계통의 유리도 발견되어서 시베리아 초원이 아니라 중앙아시아를 통하여 유입된 사카 문화 계통임이 확인되었다.

　마자위안의 위치는 춘추 시대 이래 산시성 일대에서 번성하던 진(秦)나라의 동쪽 산악지대로, 마자위안에서는 '軷'이라는 글자가 새겨진 진나라의 청동기가 발견되었다. 이것을 진나라의 법가를 확립한 상앙(商軷)과 관련이 있다고 추정한다. 그 외에 다양한 중원계 청동기와 차마구가 발견되어서 중국의 고고학자들은 이 주체를 바로 진나라에 편입된 서융으로 비정했다. 광의의 서융은 남만(南蠻), 북적(北狄), 서융, 동이 중 하나로, 중국 서편에 거주했던 유목 경제에 기반을 둔 이민족을 통칭한다. 여기에서 서융은 구체적으로 기원전 6~4세기 진나라 서쪽에서 그들과 교류하고 때로는 전쟁했던 진나라 주변의 유목 계통 민족을 지칭한다. 마자위안 유적의 대형 무덤에서는 몸 전체를 황금으로 두른 시신이 대거 나왔으며, 특히 허리띠에 황금 장식이 집중되었다. 아울러 두개골 주변에 자잘한 황금 동물 장식이 있는 것으로 보아 모자 위도 황금으로 장식했다고 생각된다. 그 밖에 팔찌, 거대한 목걸이 등으로 미루어 볼 때 이들은 자신의 권력과 지위를 화려한 황금으로 드러내는 사카 문화의 영향을 강하게 받았음이 분명하다.

마자위안이 만들어졌던 기원전 4~3세기 대의 유물로, 당시 서융은 이미 진나라에 복속한 상태였다. 그렇지만 유물에는 초원 지역 스키타이계 문화 요소가 강하게 남아 있었다. 더욱이 황금 유물은 누금세공 기법과 화려한 동물 장식에서 사카 문화의 강한 전통이 확인되었다. 누금세공 기법은 그 시기 이전까지의 중국 중원에서는 볼 수 없던 기술로, 지중해 지역에서 처음 개발되어 기원전 7세기 이탈리아에서 번성한 옛 나라 에트루리아(Etruria)에서 고도로 발전되었다. 이 금속 기술은 이후 유라시아 초원 지대를 거쳐 시베리아의 황금 유물로 이어졌으며, 한참을 지나서 신라의 황금 유물에서도 사용되었다. 특히 서부 시베리아의 스키타이 시대 고분인 필리폽카(Filipovka)와 표트르대제가 모은 시베리아 황금 유물 컬렉션에서도 이런 금 가공 기술은 흔히 나타난다.[17]

그림 3-7. 간쑤 마자위안 출토 황금 유물(甘肅省文物考古研究所, 2015)

마자위안 유적을 만든 서융에는 단순하게 황금 유물만 도입된 것이 아니라, 사카계 주민들이 유입되었다는 증거도 발견되었다. 바로 고깔모자를 쓴 인물상으로,[18] 고깔모자는 사카 문화를 영위하던 집단들의 공통적 특징이다. 사카인들의 고깔모자는 페르세폴리스 유적의 부조 벽화는 물론 동쪽으로는 알타이의 파지리크 문화, 신장성 실크로드의 초원 문화에도 널리 퍼져 있는 이란 계통 민족 집단의 상징물이다.[19] 또한 고깔모자는 러시아 남부 알타이 지역, 몽골 알타이의 올론-쿠린골 등 파지리크 문화에서도 널리 확인된다. 이는 간쑤~오르도스 고원 지역 전통적 유목민들이 고깔모자를 쓴 적이 없는 것과 대조된다. 즉, 고깔모자를 쓴 인물상이 중국 서북부 간쑤성 서융인의 고분 유적인 마자위안에서 발견되었다는 점은 사카계 황금 문화의 동진으로 단순한 기술 교환뿐 아니라 이란계 초원 문화의 사람들이 중국 북방 지역으로 실제 이주했을 가능성을 증명한다.[20] 마자위안 발굴에 힘입어 최근 장현 둔핑(漳縣 墩坪) 유적과 같은 서융계 무덤이 간쑤회랑 일대에서 조사되고 있으므로, 향후 서융 주민 집단의 계통 및 중앙아시아와 친연 관계를 더 구체적으로 밝힐 수 있으리라 기대한다.

## 오르도스 고원 지역

기원전 7~3세기에 오르도스 고원을 중심으로 중국 북방 지역에
'오르도스 청동기'라고 불리는 유목민의 청동기가 널리 퍼져 있
었다. 그런데 이 오르도스 청동기 문화는 기원전 4세기경을 중
심으로 큰 변화를 겪는다. 이전의 마오칭거우 문화, 양랑 문화,
위황무 문화 등은 유목과 정착의 흔적이 혼재하는 양상이지만
오르도스 청동기 문화의 후기 단계에 들어서면서 동검이 철검으
로 대체되고 정착의 흔적은 거의 사라진다. 대신에 뿔이나 몸통
을 고도로 과장해 표현한 환상의 괴수문, 맹수 머리 장식 등 계
통이 다른 황금제 동물 장식과 금관 등이 발견되기 시작한다. 이
는 사카계 문화가 동쪽으로 확산되면서 일어난 변화로, 이와 함
께 사카계 황금 유물도 다수 출토되었다. 후루스타이, 위룽타이,
나린가오투(納林高免), 알루차이덩, 시거우판(1, 2호 묘) 유적 등이
있다(그림 3-8).[21] 특히나 알루차이덩 유적에서는 금관 장식을 포
함한 많은 양의 황금 유물이 출토되어 왕족급의 무덤으로 추정
된다. 수습 조사한 알루차이덩 무덤 두 곳에서 총중량이 4킬로
그램에 달하는 금제 유물 218건과 은제 유물들이 출토되었다.
시베리아 초원 문화에서 도굴되지 않은 왕족급 무덤인 투바 아
르잔 2호 고분에서 출토된 황금의 양은 모두 20킬로그램이었다.

투바 아르잔 2호 고분은 봉분의 높이가 4미터, 직경은 70미터에 달하는 최고위 왕족급의 대형 고분이다. 반면에 알루차이덩 유적은 지표에서 수습되었으며 별다른 고분의 흔적이 없었다는 점을 감안하면 적지 않은 양이다. 아울러 알루차이덩을 비롯한 이 시기 오르도스 고원 지역의 황금 출토 유적들에서는 대형 고분의 흔적이 전혀 없으며 무기나 마구가 적게 출토된다는 점에서 중앙아시아 및 남부 시베리아의 사카 문화 계통과 어느 정도 차이가 있다.

이러한 차이는 또한 중국의 강한 영향력으로도 이어진다. 시거우판 유적은 각각 기원전 4세기 대와 2세기 대에 만들어진 무덤이 발굴되어서 유물의 변화상을 짐작할 수 있다. 기원전 4~3세기 대에 해당하는 2호 무덤에서는 금제 관식(冠飾), 대식(帶飾), 칼집, 동물 장식 장방형 판식 등이 발견되었는데, 동물 장식의 뒷면에는 '一斤五兩四朱少半', '故寺豕虎三' 등의 명문이 새겨진 것도 있다. 서체로 볼 때 진대(秦代)의 명문이며, 동물 장식의 양식도 대체로 그와 부합하는 기원전 3세기 대다. 이처럼 기원전 4세기 대를 중심으로 급변하는 문화의 이질적 모습에 주목한 임운[22]은 마오칭거우 문화로 대표되는 초기 중국 북방 지대의 유목 문화를 융적으로 보고, 이들은 이후 중국 북방 지역에서 발흥한 동호 및 흉노와는 다른 집단으로 보았다. 임운의 견해는 중국

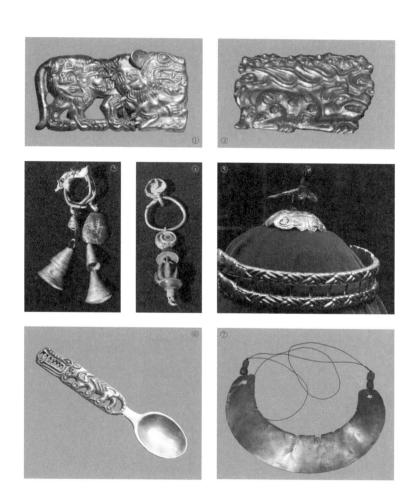

그림 3-8. 오르도스 지역의 황금 유물
① 호랑이 장식 허리띠 걸이와 사슴[오르도스 둥숭지구 좐팡(磚房)유적],
② 사슴 장식(알루차이딩 출토) ③④⑦ 시거우판 출토 유물 ⑤⑥ 황금 다이어뎀과
관식(알루차이딩 출토)

북방의 유목 문화를 막연하게 북방 초원의 기마민족으로 보는 단선적 견해에서 탈피해서 각 시공적 맥락에 따라 해석을 달리할 여지를 열어 두었다는 점에서 의의가 크다.[23]

북방 지역의 전통적 유목 집단을 융적으로 본다면 이러한 문화 변화는 기원전 4세기 흉노가 유목사회를 급격히 통합하고 남쪽 오르도스 지역으로 진출해서 중국과 접경했음을 의미한다. 이러한 변화는 역사 기록으로도 짐작된다. 흉노는 기원전 4세기 대부터 중국 북방의 각 지역을 정복하고 관할 지역에는 동호왕(東胡王), 정령왕(丁零王) 등을 두고 통치해서 묵특 선우 시기부터 이미 단일민족이 아니었으며, 주변의 여러 민족을 통합한 것으로 나와 있다. 사카 계통의 주민도 흉노 초기에 중국 북방에서 활동한 집단 중 하나로 추정된다.[24]

## 베이징 일대: 옌샤더우

사카 문화는 동쪽으로 확산하여 베이징 일대까지도 이어지는데, 대표적 유적으로 옌샤더우(燕下都)의 왕족들 무덤군에서 조사된 신좡터우(辛庄頭) 30호 묘가 있다.[25] 베이징 이북의 옌산산맥 일대에는 기원전 8~7세기 대부터 이 지역의 토착 유목 문화인 위황무 문화가 존재했다. 이후 기원전 5세기경부터 연나라가 급격하게 팽창하면서 위황무 문화는 작은 세력으로 나뉘어 요서 지역의 비파형동검 문화에 동물 장식을 비롯한 여러 영향을 주었다. 나아가서 한반도 동물형 허리띠 버클(대구)의 시원 또한 북경 일대의 위황무 문화라고 볼 수 있다. 베이징 일대에서 존속한 연나라는 서주 시기에 성립된 이래 베이징 지역에서 북쪽 유목계 이방 민족들과 접촉했기 때문에 유목 문화의 요소가 많이 나타난다. 상나라 시기의 류쟈허 유적이나 백부 유적이 좋은 예다.

한편 연나라가 멸망할 즈음에 축조된 신좡터우 30호 묘에서는 초원계 문화가 나와 위황무 문화와는 완전히 이질적이라는 점에서 주목된다. 신좡터우 30호 묘는 위황무 문화가 연나라계 문화의 팽창으로 베이징 일대에서 거의 소멸된 이후인 기원전 4~3세기 대로 편년된다. 과장된 부리가 달린 동물 장식, 녹송석을 상감한 귀걸이 및 웅크린 동물, 괴수가 묘사된 장방형 장식 등이 그 예다(그림 3-9). 특히 사카인들의 전형적 특징인 고깔모자를 쓴 인물형 금제 장식도 발견되었다는 점이 주목된다. 이 인물 장식은 머리에 모자를 쓰고 코는 뭉툭하며 수염이 표현되어 있다. 이 지역의 토착인과는 거리가 먼 얼굴로 중앙아시아계로 보아도 크게 무리가 없을 듯하다. 또한 괴수형 동물이 새겨진 금제 장식판은 시거우판 출토품과 거의 유사하다. 따라서 신좡터우 30호 묘의 연대는 시거우판 유적의 명문 자료와 비슷한 시기인 기원전 4세기경으로 볼 수 있다. 그 밖에 파지리크 문화의 동물 장식과 유사한 양 머리 장식, 원산지가 아프가니스탄 일대인 터키석도 주목된다. 이와 같이 연나라 신좡터우 30호 묘는 바로 기원전 4세기경에 중국 북방에 확산된 사카 문화의 영향을 받았다고 판단된다.

한편, 신좡터우 30호 묘에서는 한국식 동과가 출토되었는데, 연을 매개로 사카 계통의 황금 유물과 한국형 동과가 동시에 출토되었다는 사실은 많은 점을 시사한다. 특히 기원 전후를 기점으로 한반도에 유입되는 초원계 동물 장식의 직간접적 동인이 사카 문화의 동진과 연나라의 팽창이라는 동아시아적 변동과 관련이 있을 수 있기 때문이다. 관련해서 《사기(史記)》〈소진열전(蘇秦列傳)〉에 "연의 동쪽에는 조선과 요동이 있고, 북쪽에는 임호와 누번이 있다"[26]라는 기록이 있다. 많은 학자가 조선·요동과 대구를 이루는 임호와 누번을 사카계 황금 문화를 사용했던 중국 북방의 여러 집단과 연결하기도 한다. 또한 《사기》와 《한서》의 〈흉노열전〉에 따르면 전국 시대에 연장(燕將) 진개(秦開)는 흉노(胡)에 볼모로 잡혀 있다가 되돌아가서 동호를 습격하여 천여 리를 차지한 기록이 있다.[27] 이러한 연-흉노-동호-동아시아(古朝鮮)를 잇는 유물은 기원전 3세기 초반에 활동한 진개로부터 시작된 전국 시대 후기 연나라의 군사 행동과 관련이 있다. 진개는

그림 3-9. 옌샤더우 신좡터우 30호 묘 출토 황금 유물

우크라이나

흑해

튀르키예

조지아

레바논
이스라엘
요르단

시리아

이라크

사우디아라비아

이란

아랍에미리트

카자흐스탄

사카 문화

키르기스스탄

타지키스탄

지도 3. 기원전 4~1세기 사카계 황금 문화의 전래

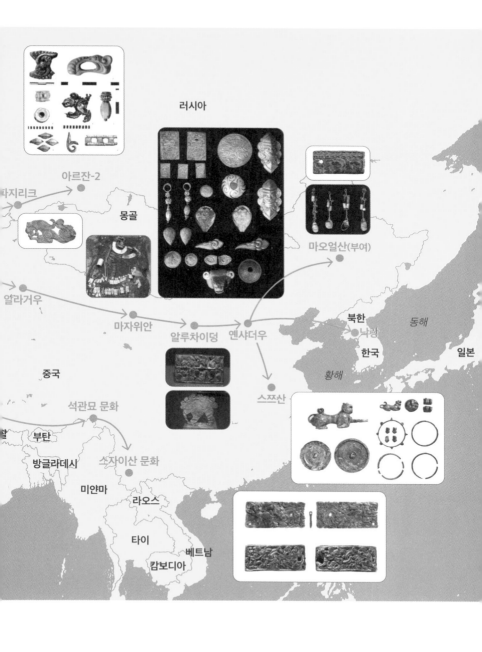

러시아

아르잔-2

파지리크

몽골

알라거우

마자위안

마오얼산(부여)

알루차이덩

옌샤더우

북한

동해

낙랑

한국

일본

중국

황해

석관묘 문화

부탄

방글라데시

쏘자이산 문화

미얀마

라오스

타이

베트남

캄보디아

스쯔산

기원전 300년경 동호를 격파한 이후 기원전 280년경에 고조선을 침략해서 만번한을 설치했다. 또한 《사기》 〈열전〉에 따르면 동호는 월지와 함께 흉노 주변 집단 중 가장 강성했지만, 묵특선우 4년(기원전 206)에 흉노에 멸망했으며 잔존 무리는 오환산으로 물러가서 오환이 되었다. 그렇다면 사서에 기록된 동호 중에서 적어도 진개의 등장과 관계가 있는 이들은 초기 흉노가 형성되고 중국 북방으로 유입되어 사카계 황금 유물을 남긴 집단 중 하나였을 가능성이 있다.[28] 이와 같이 신좡터우 30호 묘의 사카계 황금 유물은 유라시아 초원 황금 문화와 한반도-만주의 고조선 후기 문화의 접점이 될 수 있다는 점에서 의의가 매우 크다.

# 한반도로
## 확산된
# 황금 문화


기원전 4세기 대 베이징 일대의 연나라 지역까지 퍼진 사카계 황금 문화가 동쪽으로 더 이상 확산된 증거는 없다. 대신에 고조선 및 그 주변의 문화로 비정되는 비파형동검 문화, 즉 요서 지역의 기원전 5~4세기경 무덤에서 황금이 나타난다(그림 3-10). 랴오닝 링위안 싼관뎬쯔 유적은 그런 점에서 매우 중요하다. 싼관뎬쯔 무덤에서는 비파형동검과 동물을 장식한 황금 장식, 거푸집 등이 발견되었다. 무덤의 주인공이 황금과 청동의 제련을 관장하던 유력한 사람임을 의미한다. 싼관뎬쯔에서 출토된 사슴과 맹수 장식은 실랍법으로 추정되는 주조 방법으로 거푸집을 사용해서 만들었다. 양식은 비교적 정적이며 볼륨감이 있게 주조되어서 사카 계통과는 차이가 있다. 오히려 샤자뎬 상층문화, 위황무 문화(기원전 7~5세기 베이징 일대의 유목 문화)와 관련이 있을 가능성이 크다.

또 기원전 4세기 대 랴오닝 젠창 둥다장쯔(東大杖子) 유적이 있다. 여기에서는 비파형동검의 청동 손잡이를 금박으로 도금했다. 둥다장쯔 유적에서는 이미 전국 시기 중국의 청동기와 그 밖의 유물이 상당수 발견되어 중국과 관계가 높았음을 알 수 있다. 그리고 황금도 초원 계통의 장식이 아니라 기존에 사용하는 비파형동검의 손잡이에 장식했다. 즉, 이 시기 황금 문화는 기존 비파형동검 문화의 물질문화와 자연스럽게 결합되었다고 할 수 있다.

한편, 사카 계통의 황금 문화는 요동과 한반도 지역으로 확산되지는 못했다. 황금 문화는 초원의 기마 문화를 통해 확산되었으므로, 이러한 상황은 충분히 이해가 된다. 다만 간접적으로 한반도와 만주 지역에 영향을 준 증거는 있다. 예컨대 중국 북경 일대 위황무 문화에서 발견되는 동물형 대구가 한반도 남부의 대표적 북방계 유물인 동물형 대구의 기원으로 주목된다. 또한 일본 간사이 지역 비와호 근처인 가미고텐(上御殿) 유적에서 기원전 4세기 베이징 일대의 유목민이 사용하는 동검의 거푸집도 출토되었다.[29] 역사서에도 진나라 시절 장성의 역을 피한 사람들이 진한으로 유입되었다는 기록[30]과 고조선을 흉노의 왼쪽 어깨로 간주한 기록도 있다. 즉, 전국 시대 말기에서 진한 대에 이르는 시기 만주와 한반도 일대는 결코 중국 북방 지역과 관

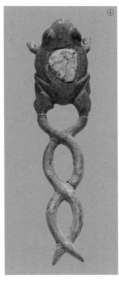

그림 3-10. 기원전 5~4세기 요서 지역 비파형동검 문화 속 황금 관련 유물
①②③④ 랴오닝 링위안 싼관뎬쯔 ⑤ 랴오닝 젠창 둥다장쯔 유적

계없는 고립된 지역이 아니었다는 뜻이다. 진한 대의 북방 관련 유물로 경주 탑동의 동물 장식인 절약이 있다. 이 유물은 한국화된 어은동과 같은 동물형 대구가 아니라 중국 북방 오르도스 지역의 전형적 동물 양식을 그대로 계승하고 있다. 이와 같이 황금 유물 자체는 발견되지 않았지만 중국 북방의 주민과 문화가 한반도 남부 일대로 널리 퍼졌음이 확인되므로, 향후 황금 유물이 발견될 가능성도 충분하다. 다만 현재까지의 증거로는 사카계 황금 문화가 바로 동 시기 한반도 세형동검 문화로 확산되었다는 증거는 없다. 황금을 가공하는 데 필요한 재산과 기술을 쉽게 받아들이기 어려웠던 토착 사회의 한계였을지 모른다.

한반도에서는 낙랑 지역에서 본격적으로 황금을 사용했으며, 석암리 9호분의 황금 대구가 대표적이다. 즉, 한국은 약 2000년 전에 본격적으로 황금 유물이 도입된 셈이다. 한반도에 황금이 늦게 도입된 것은 《후한서》에도 기록되어 있다.

황금 문화가 한반도까지 이어진 때는 중국과 그 주변 일대로 황금 문화가 널리 확산되던 한나라 시기와 맞물린다. 그리고 황금 유물의 도입은 흉노에서 시작된 다양한 황금 장식의 제작이 확산된 것과 관련이 있다. 전국 시대 말기에 중국으로 유입된 초원계 유물은 한나라 초기에 이미 왕족과 귀족들 사이에서 널리 퍼져 있었다. 중국 여러 제후 등 귀족은 물론이고 최고위 왕족들도 널리 사용했음이 최근에도 확인되었다.[31] 한문제(漢文帝, 기원전 202~157)의 어머니 박태후(薄太后, 기원전 155년 사망)의 무덤인 패릉(覇陵)에서도 전국 시대 말기 사카 계통을 고스란히 계승한 황금 유물들이 발굴되었다. 이후 한나라를 거쳐서 중국 일대에서도 초원계 황금 유물이 널리 확산되었다.

한반도에 본격적으로 황금이 유입된 경로는 두 가지가 있다. 첫 번째는 평양의 낙랑 지역을 통하는 것으로 한나라 시기에 널리 유행했던 초원계 동물 장식이 유입된 전통적 경로다. 평양 낙랑 석암리 9호분에서 출토된 황금 교구가 좋은 예다. 석암리 출토품은 동일 공방에서 제작된 거의 유사한 제품들이 낙랑뿐 아니라 북방 일대까지 확산한 예가 보인다. 이러한 낙랑의 출토품을 직접적 흉노의 영향으로 보는 견해[32]나 중국화된 공예 기술을 받아들인 것으로 보는 견해도 있다. 분명한 점은 석암리 219호분에서 출토된 행엽은 몽골 흉노 고분의 골 모드와 유사하며, 석암리 9호분 출토 황금 대구는 신장 옌치(焉耆)의 보거다친 성지(博格達沁 城址), 다롄 잉청쯔(營城子) 등 동 시기 장성 북방을 중심으로 중국의 서북과 동북쪽 변방에서 동일한 것이 발견되었다(그림 3-11). 이렇게 넓은 공간에서 거리를 두고 같은 형태의 초원계 황금 장식이 발견된 경우는 이뿐만이 아니다. 장쑤성 쉬저우 스쯔산에서 출토된 황금 동물형 대구와 거의 같은 형태는 자우랄 사르마트계 문화인 포크롭카 무덤에서도 출토되었다.

이처럼 얇은 금속판을 단조 및 타출하여 만든 장신구 표면에 누금세공과 보석 상감으로 장식한 것을 '다색 양식 장신구'라 한다. 이러한 금속공예품은 기원전 3세기경부터 흑해 연안을 중심으로 본격적으로 발달하기 시작하여 중국과 한반도로 확산되었다. 문양 틀 위에 얇은 판을 대고 두드려 문양을 만드는 스탬핑 기법으로 제작되었으며, 고대 메소포타미아 및 그리스 시대에서 시작하여 중앙아시아 지역 스키토 시베리아 문화기의 사카 무덤에서 출토되는 금제 장식품에서도 이러한 제작 기법이 확인된다.[33] 이렇듯 낙랑의 황금 유물은 사카계 문화의 확산에 따라서 중국으로 유입된 초원의 금속공예 기술이 발달하여 각지로 널리 확산되었다고 볼 수 있다(그림 3-12).

반면에 중국의 영향을 받은 흉노의 금속공예 기술은 한반도 북부까지만 퍼졌을 뿐 남한 일대로 확산되지는 않았다. 하지만 남한에서는 조형검파두, 동복, S자형 재갈 등이 흉노의 요소로 지적된다. 즉, 흉노와 관계는 지속되었으며, 각자 사회적 수준에 따라 선택적으로 요소를 수용했음을 알 수 있다(그림 3-13).

두 번째는 부여를 통하여 백제로 유입되는 경로다. 현재까지 남한에서 발견된 가장 이른 시기의 황금 유물은 김포 운양동의

그림 3-11. ① 평양 낙랑 석암리 9호분 출토 대구
② 신장 옌치현 보거다친 성지 출토 대구
③ 다롄 잉청쯔 76호 출토 대구
④ 뉴욕 메트로폴리탄박물관 소장(Eugene Thaw collection) 대구

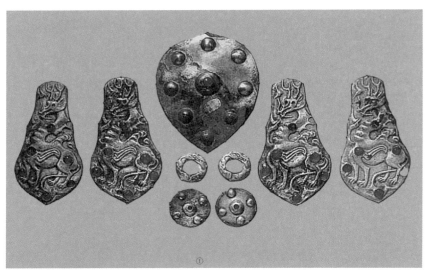

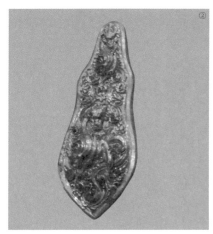 

그림 3-12. ① 석암리 219호 출토 행엽 ② 몽골 골 모드 출토 행엽
③ 뉴욕 메트로폴리탄박물관 소장 황금 흉노 행엽

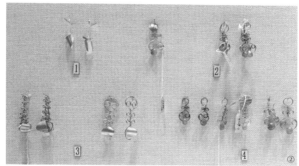

그림 3-13. 초기 백제(또는 마한)의 황금 유물과 부여계 황금 유물
① 김포 운양동 출토 부여 계통 황금 귀걸이
② 위수 라오허선 출토 부여 황금 귀걸이
③ 랴오닝 시차거우 부여 유적 출토 흉노계 황금 도금 허리띠

초기 백제(또는 마한) 유적에서 발굴된 부여 유물인데 극소수에 해당하며, 그중에서도 형식상 동일한 유물은 오송의 동병철검과 운양동의 금제 이식에 한정된다. 김포 운양동에서는 세형동검(기원전 2세기경)과 낙랑 계통의 유물이 출토된 분구묘가 발굴되었다. 이 유적에서는 부여 계통의 황금 귀걸이도 함께 출토되었다. 황금 판을 오려서 나팔처럼 만든 원통형 귀걸이는 송화강 중류의 대표적 부여 계통 유적인 위수(楡樹) 라오허선(老河深), 시펑(西豊) 시차거우(西岔溝) 등에서도 발견되었다. 이 부여계 유적은 당시 강성하던 흉노의 영향을 받은 것으로 유목계 영향이 매우 강하다.

　이러한 두 경로는 모두 흉노의 발흥과 관련되어 있다. 흉노가 동아시아 고대 국가의 형성 과정에 미친 영향은 지대하다. 만주에서 유목 문화가 공존하는 계기가 되었고, 이후 부여, 고구려, 발해로 이어지는 국가들의 이중 구조를 이루는 체계가 되었다. 흉노의 등장은 유목 경제가 유라시아 초원에 등장한 이래 3000년간의 가장 큰 사건이라고 할 수 있다. 유목과 정착이 하나의 영역 국가라는 틀에서 작동하는 계기가 되었기 때문이다. 이렇게 새로운 국가체제가 성립되는 과정에서 다양한 기술과 예술에 종사하는 기술자들이 흉노의 판도에 유입되었고, 또 흉노의 영향으로 각지로 퍼져 나갔다. 이 과정에서 유라시아 초원의 예술은 흉노로 완성되었고, 황금을 제작하고 사용하는 기술은 널리 확산되었다.

4

유라시아와
동아시아
황금 문화의
만남

유라시아
　황금 문화의
탄생

## 유라시아 황금 문화의 특징

근동과 이집트 일대에서 널리 확산된 황금 예술은 유라시아 초
원 민족들의 손을 거치면서 널리 확산될 수 있었다. 황금을 향한
인간의 애착이 보편적인 만큼 세상의 다양한 기술과 예술 양식
이 황금에 반영되어 표현되었다. 유목 문화가 번성한 이후 유라
시아에서 황금 예술을 주도한 지역은 초원이었다. 이들은 동아
시아의 북방 초원 지역을 점유하고 새로운 미의 세계를 동아시
아에 소개했다. 최근까지도 세계에서 동아시아의 고대 예술 세
계를 언급하면 주로 중국 그리고 그와 동떨어진 일본이라고 하
는 두 축만 언급된다. 물론 여기에 초원이라고 하는 새로운 요소
가 추가되기도 하지만, 대부분 '북방', '초원', '서역' 등의 애매한
지역 명칭을 붙여서 '북방 초원 풍격', '서역 양식' 등으로 다양하

게 불린다. 그럼에도 초원 지역에서 발생한 예술을 본격적으로 논의하거나 하나의 예술적 양식으로 논의한 적은 없다. 그러나 북방 유라시아의 초원 문화가 고대 동아시아에 미친 영향은 매우 깊고 지속적이었다는 사실이 다양한 고고학 자료를 통해 밝혀지고 있다.

유라시아의 황금 예술은 이렇게 타자화(alienation)되어 있지만 초원 지역의 예술을 구체적으로 설명하는 핵심 유물임은 분명하다. 유목 문화에 기반해 발전한 유라시아 초원의 황금 문화는 다음과 같은 특징이 있다.

첫 번째로 실용적 측면이 고도로 강조된 예술이다. 목걸이, 귀걸이 등 장식만을 위한 것뿐만 아니라, 실제 사용하는 무기, 마구, 전차 등을 장식하는 실용예술(applied art)의 일부이기도 하다. 이는 정주하는 주거지가 없이 지속적으로 이동하는 유목민의 생활 방식과 관련되어 있다. 즉, 유목민들에게 미적 가치를 구현하는 대상은 철저하게 휴대성과 간결함이 기본이어야 하며 별도의 미를 위한 공간은 무덤을 제외하면 없다. 따라서 황금 유물은 극히 소형일 수밖에 없고 귀걸이, 목걸이, 팔찌 등 장식적 기능만을 하는 황금 유물은 대부분 최고위 왕족이나 여성 사제들만 소유했다(탁사이, 우코크고원 아크-알라하 등). 그리고 금박을 실용 도구에 입히는 파지리크 문화는 바로 유라시아 황금 문화의 대표적 특

그림 4-1. 바키불라크 고분 4호(《카자흐스탄 초원의 황금 문화》, 2018)

징이다(그림 4-1).

두 번째로 이동성에 기반을 둔 시각적 효과의 최대화다. 아름다움은 비단 시각만이 아니라 오감 모두로 느낀다. 하지만 고고학적 유물로 남아 있는 것들은 필연적으로 시각에 집중될 수밖에 없다. 특히 유목민들은 빠르게 이동하는 삶을 영위했기 때문에 시각적인 아름다움에 집중할 수 밖에 없었다. 유목민들은 자신들의 도시나 집을 건설하지 않고 끊임없이 유목한다. 따라서 그들이 발현할 수 있는 아름다움은 철저하게 개인적이며 자신과 자신이 타는 말에 집중된다. 말은 빠른 속도로 이동할 수 있지만 실을 수 있는 무게는 한정되어 있다. 앞에서 언급한 것처럼 황금은 전성이 좋아서 적은 무게로 각종 장신구는 물론 마구와 무기를 장식할 수 있다. 따라서 민첩하게 이동하며 전쟁하는 유목 전사들은 자신의 몸을 장식하여 적과 복속한 사람들에게 위엄을 높이고 전쟁의 기능을 극대화하는 도구로 황금 장식을 선호할 수밖에 없었다. 황금 인간의 등장과 금박이 파지리크 문화와 흉노 문화에서 널리 유행한 것은 이러한 맥락에서 극히 당연한 귀결이라고 할 수 있다.

세 번째로 광역 간 교류를 통해 다양한 예술 양식이 결합된 혼성 예술이다. 황금은 금속공예를 하기에 매우 편리하기 때문에 각 장인이 자신의 예술적 심성을 표현하기에 매우 적합하다.

또한 황금은 전 세계에서 보편적으로 선호하는 귀금속이므로 황금을 매개로 각 지역의 장식 기술이 쉽게 교류될 수밖에 없다. 특히 초원 지역에서 고도로 발달한 황금 제작 기술이 유라시아 동서 각 지역으로 확산해서 각 지역의 토착적 예술 전통과 쉽게 결합한다. 이러한 유연성(flexibility)의 근간은 황금이다. 광활한 초원에 인구가 희박한 유목사회이기 때문에 황금을 소비할 수 있는 지배계급들은 매우 떨어진 지역에 드문드문 위치할 수밖에 없다. 이런 이유로 황금 공인들은 우선적으로 자신의 공예품을 주문할 수 있는 귀족이나 왕을 찾아서 원거리를 이동할 수밖에 없다. 또한 사회적으로 높은 계급일수록 자신들만의 상징 및 제사 체계가 갖추어져 있다. 권위를 상징하는 위신재는 원거리 교역품이거나 일반인들이 가지기 어려운 희소성이 있어야 한다. 즉, 황금 예술에 먼 지역의 예술 양식이 결합되면 권위를 돋보이게 하는 요소가 되고, 이런 사회적 요건으로 황금 문화는 더 멀리 확산될 수밖에 없다.

따라서 각 유목사회에서 최고위 계층은 희귀하고 독특한 원거리의 예술 양식을 각자의 문화에 맞게 자신들의 황금 공예 기술을 결합하는 방식으로 황금 유물을 주문 제작했다. 예컨대 크림반도의 체르토믈리크(Chertomlik) 스키타이 고분 출토의 황금 화살통은 이러한 초원 황금 문화와 그리스 예술의 결합을 잘 보여 주는 대표적 명품이다. 이 황금 화살통은 둘레에 스키타이 고유의 문양을 새겼고, 내부는 그리스 영웅 아킬레스에 관한 이야기로 채워져 있다(그림 4-2).

네 번째로 초원 양식의 영속성이다. 이는 얼핏 보면 세 번째로 지적한 혼성 예술과 배치되는 것처럼 들릴 수 있지만, 여기서는 예술의 양식이 아니라 지리 환경 및 생활양식의 영속성을 뜻한다. 이동과 기마에 기반한 유목민의 흥망은 매우 역동적이다. 하지만 다양한 유목 집단이 교체되어도 그들이 기반을 둔 초원이라는 지리 환경과 그에 의거한 유목민의 생계는 수천 년간 거의 변하지 않았다. 즉, 동물 양식, 샤머니즘, 기마 문화라는 사회의 기본 요소는 큰 변화 없이 유지될 수밖에 없다. 이런 상황에서 스키토-시베리아 문화 시기에 형성된 초원의 황금 문화 양식은 이후 흉노 시기에도 계승되었다. 중세 시대에도 유라시아 곳곳에 초원 양식이 지속적으로 남아서 각 지역의 예술에 남았다. 동아시아에서도 신라는 물론 극동의 말갈과 여진의 금도금 허리띠 장식에 흉노 양식을 잘 계승한 동물 양식이 남아 있다. 또한 코카서스 지역이나 서부 시베리아의 한티-만시족 민속품과 같이 초원의 주변 지역에도 중세시대가 되어도 여전히 스키타이계 동물 장식이 잘 남아 있다. 유라시아의 반대편 우크라이나에서도 흉노 시기의 영향을 강하게 받은 중세 시대 키예

그림 4-2. ① 아킬레스의 신화가 새겨진 스키타이의 황금 화살통(체르토믈리크 고분)
② 스키타이의 누금세공 전통이 잘 계승된 볼가 불가르(서기 10~12세기)의 황금
예술(모크로쿨리나르스키Mokrokulinarsky 유적)

프 루시 시기의 금장식들이 대거 출토되었다. 그중에는 가운데에 성인(聖人)의 모습만 없다면 훈족의 것이라고 해도 그냥 믿을 만큼 초원계 제작 기법으로 만들어진 유물이 많다. 또한 카잔에 위치한 볼가 불가르(Volga Bulgaria) 국가에서는 초원의 누금세공과 거의 차이가 없을 정도로 발달된 황금 예술이 있었다(그림 4-2). 볼가 불가르국은 11~13세기 키예프 루시 시절에 번성한 나라다. 초원의 황금은 유라시아의 동쪽 끝에서 신라의 황금 문명으로 재탄생했고, 또 서쪽 끝에서는 슬라브 문명으로 재탄생했다고 해도 과언이 아니다. 이와 같이 초원에서 탄생한 황금 문화의 양식은 지속적으로 유지되면서 장기간 유라시아 각 지역에 영향을 주었다.

다섯 번째로 초원의 황금 문화를 지속할 수 있는 배경으로 샤머니즘에 기반한 종교와 제사 체계를 들 수 있다. 진화 인류학에 따르면 인간은 진화에 도움이 되는 것을 본능적으로 아름답다고 느낀다. 고고학자가 바라보는 유물과 아름다움은 그들의 지리, 환경 및 사회적 조건에 기반해 표출된다. 고고학이 증명하는 선사 시대 아름다움의 또 다른 요건은 신성함과 권력이다. 과거 동아시아의 권력은 주로 제사를 통해서 표출되었다. 미(美)의 어원에 관하여 백영서는 '살찐 양'이라는 기존의 견해 이외에도 머리에 새 깃털이나 관 장식을 한 사람을 묘사한 것이라는 주장을 소개한다.¹ 필자 역시 이러한 관점에 적극 동의한다. 살찐 양이 아름답다는 것은 유목민의 생활이 유입된 이후에 가능한 관점이지만, 어떠한 고고학적 유물에서도 양을 아름다움의 상징으로 표현한 예가 없기 때문이다. 동물 장식이 본격적으로 등장한 카라수크(기원전 13~9세기, 상말주초 시기)에도 양의 형상은 없으며, 그 이후에도 양은 등장하지 않는다. 반면에 샤먼의 관은 구석기 시대 이래로 종교 및 제사 권력을 대표했고 상형문자의 표상이 되었음이 훨씬 더 설득력 있다. 유라시아 전역의 샤먼들이 공통적으로 쓰고 있는 장식이 '美'라는 글자의 조형과 훨씬 더 유사함도 그를 방증한다.

여섯 번째로 권력이다. 아름다움을 추구하는 인간의 본성은 권력과 관계없이 존재했다. 하지만 황금의 아름다움은 권력 및 사회계급의 분화와 관련이 있다. 황금을 채굴하고 황금에 최고의 기술과 예술적 심성을 표현한다. 그러한 유물이 무덤에서 발견된다는 것은 바로 그것을 소유한 자가 황금의 아름다움을 권력의 상징으로 삼았을 때 가능하다. 금관과 허리띠 장식으로 대표되는 지배자의 상징은 제사 권력에만 머무르지 않음을 잘 보여 준다.

# 불과 얼음:
## 유라시아와 동아시아
# 황금 문화의 조우

신석기 시대 동아시아에서는 곡옥이 널리 유행했다. 랴오닝성 수암, 신장성 호탄 및 자바이칼 등의 지역에 옥 광산이 풍부했으며, 옥을 가공할 수 있는 기술과 장인 집단, 옥을 사용하는 집단 등이 기반이 되어 다양한 옥기가 나온다.

　동아시아에서 옥은 후기 구석기 시대부터 사용되기 시작했다. 후기 신석기 시대인 네이멍구 동남부의 홍산 문화와 양쯔강의 량주 문화에서는 현대 중국의 옥기 기술과도 일맥상통하고 그에 전혀 뒤지지 않는 제작 기술을 보여 준다.

　이렇듯 유구한 옥기 제작 전통은 이미 신석기 시대에서 하상주 삼대의 고대 국가로 꾸준히 이어 왔음이 확인되었다. 동아시아에서 신석기 시대에 시작된 옥 가공 전통이 이후 하상주 시대를 거쳐서 중국과 한반도에서 꾸준히 유지되는 과정을 보여 주는 흥미로운 자료가 산시성 동부 지역인 한청(韓城)시의 량다이춘(梁帶村) 유적에서 발견되었다. 량다이춘은 춘추 시대 이 지역에 있던 예(芮)나라 귀족 무덤으로 특히 27호 묘에서는 "芮公作"이라는 명문이 나와서 예환공(芮桓公)으로 비정된다. 그런데 이 27호 무덤에서는 당시 기준으로 수천 년 전의 옥기 유물들도 나왔으며, 이 중에는 기원전 3500년 전 네이멍구의 홍산 문화와 양쯔강 유역 량주 문화의 옥기도 있었다. 또한 상나라와 서주 시대의 옥황 등이 출토되어 가히 고대의 "옥기 박물관"이라고 해도 될 정도의 유물이 하나의 무덤에서 출토되었다.

이 정도 컬렉션은 우연히 옥기를 구매한 것이 아니라 적극적으로 옛 무덤을 파서 옥기 예술품을 모으고 사용했음을 의미한다. 당시 기준으로 2500년 이전에 만들어진 멀리 떨어진 홍산 문화와 양쯔강 유역 량주 문화의 신석기 시대 옥을 모아서 무덤 안에 함께 넣어 줄 정도라면 신석기 시대 이래 수천 년 동안 상나라와 주나라가 들어서는 과정에서 옥기는 여전히 인기를 끌며 소비되었음을 의미한다. 즉, 옥을 중심으로 하는 제사와 권위 체계가 지속적으로 유지되었다는 의미다. 홍산 문화와 같은 신석기 시대의 옥기 제작 체계가 최근까지도 이어져 온 배경이 실증된 것이다.

옥기 제작과 수집의 전통이 이렇듯 유구한 데 비해 황금은 매우 늦게 유입되었다. 중앙아시아와 시베리아 초원을 통해서 대체로 안드로노보 문화 단계인 기원전 17세기를 전후해서 조금씩 유입되는 양상이다.[2] 대부분 소형 장신구에 한정되며 수량 또한 매우 제한적이었다. 그리고 제작 기술은 널리 확산되지 못했다. 이러한 상황은 고대 동아시아인들이 황금보다는 옥을 미적 가치의 주요한 수단으로 사용했음을 의미한다. 물론 이러한 상황만으로 단순히 황금의 존재를 몰랐다고 할 수 없다. 불가리아 바르나 유적의 예로 보듯이 인류는 이미 신석기 시대에서 동석기 시대로 넘어가는 시기부터 황금을 일부 사용했다. 그리고 중국에서도 취쟈링(屈家嶺) 문화, 용산 문화 등 후기 신석기 시대에 고열을 가하여 제련해야 하는 청동기를 사용한 흔적이 있다. 황금을 만들기 위해서는 고온의 제련이 필요하다는 점에서 후기 신석기 시대 중국에서도 황금을 만들 수 있는 기본적 환경은 마련되었다고 할 수 있다. 동아시아와 유라시아 초원 지대를 가르는 주요한 기준은 바로 불의 사용에 있었다. 황금을 비롯하여 청동, 철, 유리 등이 유라시아 초원을 통해 동아시아로 뒤늦게 유입되었다. 그리고 이들 재질에는 큰 공통점이 있으니 바로 고열이 필요하다는 점이다. 즉, 이들이 동아시아로 전래되기 위해서는 고열을 내는 화로의 제작 그리고 그 제작 기술의 노하우를 지닌 장인 집단의 존재가 필수적이었다. 그리고 일련의 제작 과정은 노하우를 지닌 장인들이 신분을 유지하기 위해서 감추어지고

의식화되어서 장인 집단이 각 사회에서 주요한 지위를 차지하는 근간이 되었다.

관련해서 장강 유역 취쟈링 문화에서는 금속 제련 흔적이 제단 위에서 발견되었다. 붉은 화염을 내뿜는 공정이 포함된 청동 제련은 일종의 퍼포먼스가 되어서 제사의 일부로서 역할을 했던 것이다.[3] 이는 다소 맥락은 다르지만 중세 시대에 '연금술'이 황금 제작이라는 목적의 달성과 관계없이 기술자 집단이 비밀 결사화하고 독특한 기술을 소유함으로써 중요한 역할을 했던 상황과도 맞물린다.

이렇듯 일찍이 청동제련술이 도입되었지만 널리 퍼지지는 못했다. 이러한 고열의 기술이 쉽게 도입되지 못했던 까닭은 기존에 미적 가치로 추구했던 옥 가공 기술과는 완전히 다른 기술로 서로 경쟁해야 했기 때문이다. 즉, 황금이나 청동처럼 불을 사용하는 기술이 도입되면 기존의 옥을 가공하는 집단과 사회체계는 위기에 처할 수밖에 없다. 청동과 옥으로 대표되는 상이한 기술전통은 마치 불과 얼음같이 상반되어 동아시아 곳곳에서 충돌했다. 한국에서 청동기 시대에 비파형동검 대신에 마제석검이 주요한 위치를 점한 것도 비슷한 맥락이다. 고인돌 사회에서 금속을 사용하는 일은 극도로 억제되었고, 대신에 미려한 석재를 구하여 갈아 만든 석검이 사회에서 우위를 차지했다.

이와 같이 동아시아에 황금이 뒤늦게 도입된 것은 결국 돌을 가공해 제사 및 권력에 도움이 되는 미적 가치를 지닌 물건을 만들던 전통이 지속되었기 때문이다. 불을 사용하는 황금이 이러한 기존의 옥기 제작 체제와 맞서서 그들을 대체할 수 없었기 때문에 황금의 도입은 늦어질 수밖에 없었다.

이렇듯 황금과 청동기가 늦게 도입된 현상은 동아시아에서 선호하던 기존의 돌과 옥을 중심으로 쌓아 놓은 미적 가치에 기반한 제사 및 사회체계와 상충된 것에 기인한다. 하지만 청동 및 황금과 같은 금속 소재에 돌과 옥의 미술 체계가 결합되면서 동아시아에도 새로운 소재가 도입될 수 있었다. 예컨대 중국에서는 상나라 때 대형 청동기가 본격적으로 사용되었다. 이 시기 일반적 청동기로는 표현하기 어려운 도철문이 표면에 시문되었다. 이는 신석기 시대 이래 목기에 시문된 칠기 문양과 옥 가공에서 유래했다. 즉, 신석기 시대부터 선호하던 문양이 청동기에 도입되면서 중국에서도 바야흐로 청동기의 전성시대가 도래했다. 물론 칠기(물론 칠기는 고고학 자료에 많이 남아 있지 않다)와 옥기의 정교한 문양을 청동기에도 넣을 수 있는 기술적 발전이 뒷받침되었기에 가능한 것이었다.

한반도의 경우 중국보다 다소 시기는 늦지만 금속 문화의 도입 과정은 중국과 크게 다르지 않다. 남한은 고인돌을 만들던 시기에 석검이 주류를 이루었으며 비파형동검은 널리 도입되지 않았다. 오히려 비파형동검을 석검처럼 갈거나 부러뜨려서 사용하는 현상이 지속되었다.[4]

한국에서 청동기에 석기와 옥기를 가공하는 기술이 결합된 대표적 예는 바로 잔줄무늬 구리거울(정문경 또는 다뉴세문경)이다. 세심하게 무늬를 넣은 이 거울은 2400년 전 남한에서 족장(또는 샤먼)이 사용했다. 세형동검 문화 시기에 한국에서는 청동기를 본격적으로 사용해서 족장(또는 샤먼)들이 사용하는 무기인 동검과 제사를 위한 거울과 방울을 주로 청동기로 만들었다. 그중 예술적 가치가 담긴 대표 유물이 바로 정문경이다. 표면에는 지그재그 형태의 기하학적 무늬를 새겨 넣었다.

한국의 청동기는 중국과는 별도로 유라시아 초원 지역에서 유래해서 고조선을 거쳐서 왔다. 한국 청동기는 단순히 유라시아의 것을 모방하지 않고 자신만의 독특한 경지로 승화했으니 바로 다뉴세문경이 대표적이다. 기하학적 무늬를 넣은 거울은 약 4000년 전 유라시아 초원과 중국 북방 지역에서 처음 등장했는데, 약 2800년 전에 고조선 지역으로 유입되면서 번개무늬 거울로 발전했다. 바로 이 번개무늬 거울이 다시 한반도로 오면서 세계적으로 가장 정밀한 무늬를 넣은 다뉴세문경으로 이어졌다.

예컨대 국보로 지정된 숭실대학교 소장 다뉴세문경은 크기가 손바닥보다 조금 크지만 표면에는 0.2밀리미터의 미세한 선이 무려 1만 3000개나 들어 있다. 청동기 제작 자체에는 뜨거운 불을 이용한 금속 제련술이 필요하다. 반면에 청동기에 무늬를 넣는 데에는 차가운 돌 위에 새기는 기술이 필요하다. 우리나라의 거울은 이렇게 외부에서 들어온 청동기 제작 기술에 한국에서 발달했던 정밀한 거푸집 제작 기술이 결합되어 만들어졌다.

세형동검 문화 단계에서 뜨거운 불을 사용한 제련 기술이 토착의 석기 가공 기술에 결합되었지만, 아직 황금은 사용되지 않았다. 황금 예술이 남한에서 결합된 것은 내물마립간 단계에 거대한 적석목곽분과 금관을 사용하던 시점이었다. 민족의 대이동 시기였던 서기 3~5세기에 흑해 연안, 아프가니스탄, 신라 등 유라시아 곳곳에서 금관이 동시다발적으로 제작 및 사용된다. 그중에서 신라만이 유일하게 곡옥으로 장식했음은 결코 우연이 아니다.

이와 같은 동아시아의 강고한 옥기 및 석기 제작 전통에서 벗어나 유라시아 초원 지역에서 유입된 황금 유물이 널리 확대된 시기는 중국과 만주에서 청동기가 널리 확산된 시기와 맞물린다. 즉, 중원의 상나라 시기 그리고 만주와 비파형동검 단계인 기원전 9~8세기에 도입되었으며, 한반도는 세형동검 단계가 되

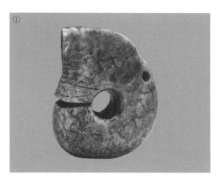

그림 4-3. 산시 한청 량다이춘의 예나라 무덤 유적
① 훙산 문화의 옥 ② 량주 문화의 옥 ③ 26호 묘 전경(전부 26호 출토)
④ 27호 묘 출토 황금 칼집의 옥검

어서 청동이 본격적으로 도입된다. 한반도 황금 문화는 곡옥으로 장식된 신라 금관에 이르러, 유라시아 전통의 황금 예술과 신석기 시대에서 청동기 시대를 거쳐 완성된 돌과 옥의 제작 기술이 결합된 독자적 전통이 완성되었다고 할 수 있다. 신라의 이러한 황금과 옥 기술의 결합은 비록 시기는 많이 차이가 나지만 예나라 량다이춘에서 보이는 옥 중심의 예술 체계에 결합하는 황금의 양상과도 일맥상통한다(그림 4-3). 이렇듯 황금 문화의 기원이 초원 지역임은 분명하지만, 중국과 한국 토착의 예술이 결합하여 지역화되는 과정을 통해 동아시아 황금 문화 예술이 완성되었다.

근동이 마치 황금, 청동, 철과 같은 고온을 이용한 불의 문명이라면, 동아시아는 옥과 돌에 심혈을 기울인 얼음의 문명이었다. 황금 문화의 확산은 금속 제련 기술에 바탕을 둔 유라시아의 고대문명과 옥과 돌에 심혈을 기울인 동아시아의 예술 체계가 만나는 계기가 되었다. 소수의 장인이 작은 공간에서 만들 수 있는 황금 공예는 유목 문화라는 환경을 만나서 유라시아 각지에 퍼져 나갈 수 있었다. 그리고 그 일파는 동아시아의 중국과 한국으로 와서 새롭게 재창조된 황금 문화를 이루었다.

## 초원으로 전해진 중국의 옥과 귀중품

황금과 옥이라는 상반된 미적 체계의 교류는 비단 동아시아에서
만 일어난 것이 아니었다. 유라시아 초원 곳곳에서 중국제 옥기
가 다수 발견되었다. 대표적으로 최근 크림반도의 스키타이-사
르마트(흉노 시기에 해당)에서는 옥으로 만든 검집 걸이, 한경, 칠기
등이 다수 발견되었다. 엄청난 거리임에도 옥을 중심으로 하는
동양의 보물들은 흑해 연안까지 확산되었다(그림 4-4).

흑해 연안 일대에서 발견되는 중국의 동주식 동검(소위 도씨검)
은 주로 기원전 5~3세기 사르마트 문화의 전사들 무덤에서 발
견된다. 또한 중국의 동경과 동전들도 제법 발견된다. 최근 보
고된 크림 벨로고르스크(Belogorsk)의 출토품은 청동 창 한 점과
동주식 검 두 점인데, 검 손잡이의 끝에 붙어 있는 골제 장식 편
을 떼어 내어 탄소 연대를 측정한 결과 기원전 872±81년(Ki-
10998)이 나왔다. 뼈의 연대 측정에는 오차가 있음을 감안해도
기원전 9세기 전후가 된다. 즉, 유라시아 초원을 매개로 동아시
아와 흑해 연안은 스키토-시베리아 문화가 확산될 때 본격적으
로 교류했음을 의미한다. 또 다른 증거로 샤쟈덴 상층문화 형식
의 투구인 '쿠반 양식(Kuban style) 투구'가 흑해 연안에서 발견되
었다. 어떤 이유로 춘추 시대 중국 제후국이나 샤쟈덴 상층문화

그림 4-4. 크림반도에서 발견된 중국 춘추 시대의
유물(① ②, 클로치코)과 한 대의 황금 유물(③, 우스티-
알마)과 칠기(④, 주르가-오바 고분)

와 중국 북방의 유물이 유라시아의 서쪽 끝인 흑해 연안에서 발견됐는지 생각해 보자. 두 지역은 주변에 정착 문명(근동, 중국)이 있다는 공통점이 있다. 즉, 둘 다 이국적 정착민의 위신재를 선호하는 유목민들이었고, 더욱 이국적인 원거리의 유물들을 선호해서 받아들였을 가능성이 크다. 유라시아 초원은 정착민들의 유물 전파 및 교역권의 범위와는 비교할 수 없을 정도로 넓었다. 이들의 정보력이 퍼지는 데 유라시아 초원 내의 거리는 큰 문제가 되지 않았고, 자신들이 필요한 것이 무엇이냐에 따라서 네트워크가 다양하게 변용되었을 것이다.

이러한 광역 네트워크의 기반은 바로 황금과 옥을 둘러싼 동서양 간 교류라고 할 수 있으며, 이는 스키타이 시대가 성립되는 기원전 9~8세기부터 시작되었다. 사실 이러한 황금과 옥이라는 상이한 미적 체계의 교류는 훨씬 일찍부터 동서양 문물 교류의 매개체가 되었다. 기원전 15세기에 유라시아 초원에서 동아시아로 확산된 청동 제련 기술인 세이마-투르비노의 전통이 확산되면서 동시에 동아시아의 옥도 초원 여러 지역으로 수출되었다. 바이칼의 옥은 기원전 15세기경부터 초원의 루트를 따라 서쪽으로 널리 퍼져 갔다. 우랄산맥 근처에서 발달한 세이마-투르비노 문화는 전차·청동 무기·금으로 유명했는데, 이 문화권의 무덤에서도 옥으로 만든 다양한 장신구가 발견됐다. 바로 바이

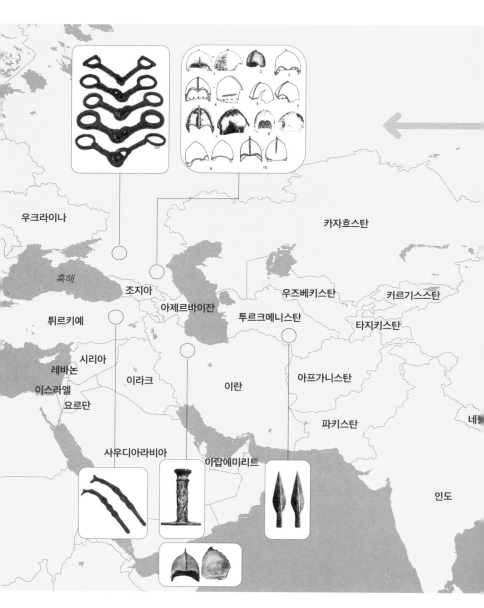

우크라이나

카자흐스탄

흑해

조지아

아제르바이잔

우즈베키스탄

키르기스스탄

튀르키예

투르크메니스탄

타지키스탄

시리아

레바논

이라크

이란

아프가니스탄

이스라엘

요르단

파키스탄

네팔

사우디아라비아

아랍에미리트

인도

지도 4. 투구와 마구에 반영된 기원전 9~7세기의 유라시아 동서 교류

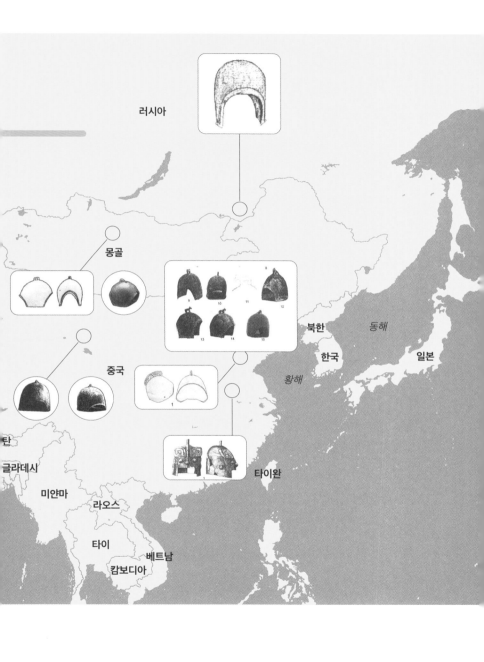

러시아

몽골

중국

북한

한국

일본

동해

황해

탄

글라데시

미얀마

라오스

타이

베트남

캄보디아

타이완

칼에서 전해진 옥이다. 세이마-투르비노 문화에서 발달한 전차와 금은 동아시아 전역으로 파급되기도 했다. 초원을 대표하는 황금과 동아시아를 대표하는 옥은 서로에게 큰 영향을 주면서 각 지역을 이어 주는 매개체 역할을 했다.[5] 스키타이 시대의 광역 네트워크는 세이마-투르비노 시기에 확립된 초원을 기반으로 하는 지역 간 교류가 더욱 심화 발전된 양상으로 전개되었다.

이와 같이 유라시아의 황금이라고 하는 새로운 미적 체계는 동아시아의 아름다움인 옥과 결합되어 서로 다양하게 교류할 수 있었다. 유라시아 서편 흑해 연안의 스키타이 황금 문화가 그리스의 예술과 결합해 재창조되었다면, 동아시아의 황금 문화는 옥의 가공 기술과 결합하면서 새롭게 재창조되었다고 할 수 있다.

# 사카 황금 문화와
## 실크로드의
# 재인식


실크로드는 시베리아를 중심으로 하는 초원 지역보다 남쪽으로, 카자흐스탄 남부에서 신장을 거쳐 중국에 이르는 교역 루트를 의미한다. 그런데 흔히 미술사에서 생각하는 실크로드는 당나라 시기 중국을 기반으로 중앙아시아에 이르는 경로를 말한다. 하지만 황금 문화는 그 이전부터 유목 문화를 기반으로 확산되었다. 그런 점에서 카자흐스탄을 중심으로 하는 중앙아시아의 고대 문화에 주목할 필요가 있다. 그 지리적 상황에서 알 수 있듯이 동서 문명의 교차로 역할을 하면서 유라시아 역사의 중심에 있었기 때문이다.

사카 문화에 주목하는 이유는 남부 시베리아 및 몽골을 중심으로 하는 스키토-시베리아 문화권과는 다소 이질적으로, 기원전 8세기를 전후하여 독특한 황금 문화를 일구어 왔기 때문이다. 그리고 이들은 기원전 4세기를 기점으로 중국 북방의 장성 지대로 널리 확산된다. 즉, 단순하게 북방이라는 개념으로 애매하게 표현되었던 황금 문화를 구체적으로 사카계 문화의 확산으로 밝힐 수 있게 되었다. 기원전 6세기 말 사카인들은 근동 지역의 메디아(Media), 우라르투(Urartu), 아시리아(Assyria)와 접촉했고 아케메네스(Achaemenid Empire)와 유혈 전쟁을 벌였다. 당시 기록에는 사카인의 토미리스(Tomyris) 여왕이 아케메네스 출신의 페르시아 황제인 키루스 대제(성경에 고레스로 기록됨)를 죽였던 사건이 나와 있다.[6] 이를 기점으로 사카인은 페르시아와 동맹을 맺고 고대 그리스에 맞서 싸웠고 테르모필레 전투에 참여하면서 고대 근동 역사에 등장한다. 이후 마케도니아의 알렉산더가 나선 동방 원정에 맞서 싸운 기록도 보인다.[7] 이들은 고대 근동 세계와 동아시아를 잇는 주요한 역할을 했다. 특히 황금 문화에서 중국 전국 시대 중기를 기점으로 확산된 독특한 괴수문 장식으로 대표되는 문화의 흐름을 파악하는 주요한 근거가 된다.

　기원전 9~3세기에 번성했던 스키토-시베리아 문화는 중앙아시아를 대표하는 유목 문화다. 사카인들의 흔적은 헤로도토스의 《역사》와 페르시아 다리우스왕의 기록으로 알려졌다. 특히 사카인들의 외형은 페르시아의 페르세폴리스에 새겨진 궁전 벽화로 유명하다. 다리우스왕에게 진상하는 고깔모자를 쓴 사람들로 사카족이 표현되었으며 이후 다양한 고고학 발굴에서 이러한

지도 5. 사카계 문화의 분포도

고깔모자를 쓴 집단들이 등장하면서 중앙아시아 카자흐스탄 일
대 사카 문화의 실체가 알려졌다. 다음 장에서 살펴보겠지만, 북
부 중국 일대에서 사카 문화가 확산되면서 이러한 고깔모자를
쓴 사람들의 모습도 같이 확산된다.

　고대 사서에 사카는 다양한 모습으로 기록된다. 먼저 헤로도
토스는 《역사》에 스키타이(흑해 연안) 동쪽의 다양한 집단을 기록
했고, 그들은 다양한 사카족으로 비정된다. 그들의 위치를 서에
서 동쪽으로 보면 스키타이 동쪽에 있는 집단은 사르마트(카자흐
스탄 서부 및 우랄산맥), 마사게타이(Massagetae), 이세도네스(카자흐스
탄 동부), 아리마스피(카자흐스탄 동북부) 등에 비정되며 가장 끝은

유명한 '황금을 지키는 그리핀' 등으로 묘사했다. 또한 아케메네스 왕조 및 다양한 근동의 문헌에 기록된 사카는 다음의 네 집단으로 나뉜다. ① 사카 티그라하우다(Sakā tigraxaudā, 고깔모자를 쓴 사카) ② 사카 하우마바르가(Sakā haumavargā, 하우마를 마시는 사카)로 크게 대별되며, 그 외에도 ③ 사카 파라드라야(Sakā paradraya, 바다 건너편의 사카) ④ 사카 파라수그담(Sakā para Sugdam, 소그드인 건너편의 사카) 등이 있다. 이들 이외에도 이세도네스(Issedones), 아리마스피(Arimaspi), 황금을 지키는 그리핀(Gold guarding Griffin), 히페르보레아 등이 있다. 사카 티그라하우다의 북쪽인 이세도네스는 대체로 카자흐스탄 중부의 타스몰라 문화 분포 지역과 부합한다. 또한 황금을 지키는 그리핀은 1990년대 알타이 남부 우코크고원 지대의 발굴로 파지리크 문화로 비정하는 것이 정설이 되었다. 이로써 사카는 이란 어족으로, 스키타이[8] 동쪽 카스피해에서 신장성 동부의 일리강 유역까지 거주했던 유목계 집단이며, 카자흐스탄을 중심으로 널리 거주했다는 점이 밝혀졌다. 사카가 본격적으로 고대 세계에 등장하는 시기는 기원전 6세기로, 아케메네스 왕조 다리우스 1세(기원전 522~486) 때다. 아울러 인도 석가모니의 부족인 사키야족도 사카족의 일파로 본다.[9]

사카는 이후 흉노의 침입으로 세력을 잃지만, 계속 잔존했다. 스트라본의 기록에는 박트리아 일대에 아시오이(Asioi), 파시아

노이(Pasianoi), 토하로이(Tokharoi), 사카라울라이(Sakaraulai) 등이 거주한다고 묘사되어 있다. 아시오이는 오손족, 토하로이는 토하르(월지), 그리고 사카라울라이는 사카족을 지칭한다. 이같이 사카족은 카자흐스탄을 중심으로 한 지역에서 기원전 8세기 이래 지속적으로 번성했던 이란 어족의 유럽인 계통 집단이다. 고대 유라시아 문명 교류의 한 축을 담당한 이란 계통 문화가 동쪽으로 확산되었던 과정에서 다양한 문화와 함께 거대한 적석계 고분과 황금 유물을 남겼다. 또한 흉노가 서진하면서 사카의 기본 세력은 소멸되었지만, 집단은 계속 잔존하여 중앙아시아 일대의 토착적 인도-유럽인 계통 문화의 기원이 되었다.

아케메네스의 영향이 확인된 대표적 유적은 '옥수스의 보물(Oxus Treasure)'로, 1880년 영국의 장교가 카불 근처의 도둑들로부터 전쟁 중에 획득했다. 현지 주민들이 다년간 옥수스강가에서 수집한 것[10]으로, 통칭해서 옥수스의 보물로 불린다.[11] 모두 180여 점의 황금 유물로 대부분은 아케메네스 유물이다(옥서스 보물의 자세한 유입 경위는 266쪽 참고). 아케메네스 페르시아 왕조는 북아프리카에서 아랄해까지 넓은 지역을 포괄했는데, 대체로 기원전 550~530년에 치세한 키루스대제 시절 전성기를 이루었다. 키루스는 메디아, 리디아, 신바빌로니아 등을 차례로 복속시켰다. 성서에 나오는 고레스왕의 유대인 해방도 이때 일어난 사

그림 4-5. 황금과 부조품에 묘사된 사카인
① 옥수스 퇴장 유적에서 출토된 사카의 홀
② 페르세폴리스의 황금 홀을 든 사카인
③ 옥수스 유적에 표현된 사카인

건이다. 그리고 그는 사카족의 일부인 마사게타이족과 전쟁 중에 상대방의 여왕인 토미리스에 의해 전사했다는 설이 기록으로 전한다. 이러한 전쟁과 복속의 과정은 페르세폴리스에 있는 사카인들의 조공 장면으로도 알 수 있다. 이 일련의 과정에서 페르시아의 황금 유물 장식이 자연스럽게 사카인들에게 영향을 주었음은 자명하다. 기존 스키타이 문화 계통의 예술 양식에 화려한 유니콘, 그리핀, 괴수 등을 장식한 환상적 동물 문양이 이때 도입된다(그림 4-5).

  사카 문화가 갑작스럽게 동아시아로 팽창된 배경은 아케메네스 왕조의 확산과 연동 지어서 설명하는 것이 합당하다. 우랄산맥 자락의 필리폽카 1호 고분에서는 기원전 5세기로 소급되는 아케메네스 왕조의 향수병(alabastron)이 있으며 노보-쿠막스키(Novo-Kumakski)라는 유적에서도 기원전 5세기 대의 은제연판기명이 발견되었다. 이에 트레이스터는 필리폽카의 연대를 기원전 5세기 말~4세기 초로 추정한다(그림 4-6).[12] 이러한 사카의 발흥은 뒤에서 살펴볼 중국과 조우에도 이바지하면서 유라시아 황금문화 확산의 주역을 담당했다.

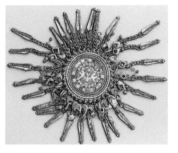

그림 4-6. 필리폽카 1호 유적의 주요 유물과 무덤(야블론스키, 2019)

# 전국 시대 중국의 제후국과
## 중앙아시아의
# 문명 교류

카자흐스탄의 적석계 목곽분이 중국 북방으로 이어지지는 않지만, 대신에 중국 북방 지역에서는 기원전 4세기를 중심으로 사카계 황금 문화가 널리 확산된다. 기원전 4세기를 중심으로 간쑤회랑 지역의 서융, 오르도스 일대의 누번, 하북성 북부의 임호, 랴오닝성 서부의 동호라는 세력들이 등장했다. 이들은 이후 흉노에 편입되어 통합되었지만, 기록에 따라서는 각자 원래 이름으로 등장하기도 한다. 또한 월지라는 세력으로 중국 서북방에서도 등장했다. 쿠샨-박트리아 왕조의 기반이 되는 대월지는 중국 서북방에서 처음 등장했다가 나중에 아프가니스탄 북부의 대월지로 이어지기 때문에 이에 관한 논란이 많았다. 그런데 최근에 카자흐스탄에서 중국 북부로 이어지는 서융 세력이 간쑤회랑 지역에서 확인되면서 이 문제의 실마리가 보였다. 실제로 카자흐스탄에서 거주했던 사람들이 기원전 4세기를 전후해서 중국 북방에 널리 분포하였는데, 급격히 토착화되고 일부는 중국에 동화되었으며 일부는 흉노 세력에 편입되었다. 이 과정에서 서융이 있던 지역은 강력한 진나라의 발흥으로 가장 먼저 세력이 약화되었고, 이에 월지 세력은 원래 자신들의 고향 쪽으로 이동했을 가능성도 생각해 볼 수 있다.

이러한 사카 문화의 확산이 일방적인 것만은 아니어서 중국 전국 시대의 다양한 문물이 반대로 중앙아시아 사카 문화 지역으로도 유입되었다. 파지리크 문화의 고분에서 중국에서 만든 칠기 그릇은 물론 마구에 칠을 해서 장식한 흔적도 발견되었다 (그림 4-7). 중국의 화려한 칠기 문화가 이 지역에 적극적으로 도입된 증거다.[13] 최근 파지리크 문화 주변 지역인 알타이주 부그리(Bugry) 유적에서도 대량의 황금 장식과 중국 칠기의 흔적이 확인되었다. 실크로드가 본격적으로 생기기 이전인 기원전 4세기 대에 이미 중국 전국 시대의 다양한 유물이 알타이와 중앙아시아 사카 문화 일대에 널리 확산된 흔적이다.

또 다른 일파는 티베트고원을 따라서 차마고도로 확산된다. 남쪽으로 확산되는 사카의 영향력은 파미르고원과 티베트고원을 따라서 윈난과 쓰촨의 산악 지역으로 침투했다.[14] 사카 계통의 문화는 히말라야산맥을 따라 티베트고원 지대에도 널리 분포했다. 티베트의 서쪽 파키스탄, 인도 등에 서기 10세기경 존재했던 구거왕국 및 토번왕조보다 훨씬 이전에 왕국이 존재했다. 이 나라는 상웅(象雄)[15]으로 불리는데, 송첸캄포가 8세기에 기틀을 세운 토번왕조가 성립되기 이전에 2000여 년간 티베트에 존재했다고 한다. 그런데 현존하는 상웅에 관한 기록에 따르면 그들이 언제부터 시작되었는지는 정확하지 않으며, 송첸캄포 시절에 국가를 이룬 것만 나와 있다. 그런데 최근 중국 문헌에서는 시작을 기원전 15세기까지로 본다. 상웅이 있었던 지역은 일반적 온대 지역이 아니라 해발고도 2500~3500미터의 세계 최고 고원지대다. 이런 척박한 환경에서 토번에 의해 멸망하기 전 2000년 넘게 상웅이 존재했다는 견해는 그대로 받아들이기 어렵다.

다소 신화적 성격이 강했던 상웅국에 관해서는 2000년대 이후 티베트에서도 본격적으로 조사하여 사카 계통 문화가 대거 발견됨에 따라, 토번 성립 이전에도 이미 매우 발달된 유목문화에 기반한 사회가 존재했음이 밝혀졌다.[16] 엄밀히 말하면 상웅이라는 나라 자체가 발견되었다고 보기는 어렵지만, 상웅으로 대표되는 사카 계통의 발달된 유목사회가 존재했음이 고고학적으로 증명되었다는 뜻이다.

한편, 사카 계통 문화의 영향력은 티베트에 머무르지 않았고 더 동남쪽으로 확산되어서 윈난, 쓰촨의 산악 지역까지 확산되었다. 특히 이 지역은 고원을 통하는 교역로인 차마고도와 맞물린다. 사카 계통 유목민족들이 윈난, 쓰촨 지역으로 유입된 경로는 스자이산(石寨山) 문화와 같은 이 지역의 고고학적 문화는 물론,《한서》,《사기》,《화양국지(華陽國志)》등의 문헌에 다양한 이름으로 나온다. 이들은 니우강인(旄牛羌人), 공도칠부(邛都七部), 백마(白馬), 도(徒), 착(筰), 염방(冉駹), 휴(巂) 등 저강(氐羌) 계통의 민족들로 표현되었다.[17] 대체로 휴족은 유목 성격이 가장 강하기 때문에 사카 계통 집단은 휴족 계통일 가능성이 크다.[18]

지도상으로만 보면 도저히 성립하기 어려워 보이는 원거리 이주와 교역은 고원 지대에 거주하던 사카인들의 생계 경제와 관련이 있다. 사카인 중 파미르고원 일대에서 살며 유목했던 이들은 비슷한 환경인 티베트와 나아가서 윈난, 쓰촨의 산악 지역으로 확산될 수 있었다. 또한 사카 문화의 영향력은 동북쪽으로도 이어져서 남부 시베리아의 알타이 지역으로까지 확산되어 파지리크 문화 형성에 기여했다. 파지리크 문화의 형질인류학적 특징은 몽골로이드와 유로포이드가 같이 나오지만, 최상 귀족층(파지리크, 바샤다르, 카탄다 등)의 고분에서 나온 양탄자의 인물 이미지 및 기타 유물은 페르시아 계통의 영향이 강하다. 사카 문화가 이 지역까지 확산된 것이다.

사카를 매개로 한 유라시아 동서 문명의 교류는 중국 역사 기록에서도 확인된다. 《사기》〈대완열전(大宛列傳)〉에 따르면 장건(張騫)이 대완국에 와서 보니 저잣거리에서 쓰촨 지역의 물건들이 팔리고 있었다. 이들은 신독(인도)을 거쳐서 대완국으로 유입되었으므로, 당시 이미 차마고도를 통해 문물이 교류되고 있었음을 알 수 있다.

이상과 같은 과정을 종합하면 기원전 4세기 신장성을 넘어서 만리장성 북쪽을 따라 동아시아로 깊숙이 확산하는 사카계 문화의 연원은 아케메네스 왕조의 확산에서 찾을 수 있다. 이와 함께 전국 시대 중국 북방 제후국의 최고위 귀족들 사이에서 초원의 유물이 널리 유행했음에 주목할 필요가 있다. 초원계 양식은 최고위 신분을 보장하는 위신재 역할을 했다. 바로 황금이 주는 상징성이 초원계 유물을 통해 극대화된 것이다. 한편, 사카 문화와 교류했던 중국 북방 제후국들은 앞서 살펴본 진(晉)나라 외에도 중국 서북 지방에서 서융 및 중앙아시아 일대의 유목민들과 접경하며 교류했던 진(秦)나라, 일찍이 렌윈강(連雲港) 및 고조선과 모피 교역 등 무역을 통하여 국가의 이득을 극대화했던 산둥반도에 위치한 제(齊)나라, 그리고 전국 시대 제후국의 동북쪽에서 흉노 및 고조선과 접했던 연(燕)나라 등이 꼽힌다.

사카와 중국 북방 지역의 교류는 비단과 말이 중심인 '견마무역(絹馬貿易)'으로 대표된다. 그 외에도 중국에서 필요했던 중앙아시아의 물건으로는 모피, 옥 등이 있다. 반면에 중앙아시아 각 지역에서는 중국의 칠기, 비단, 동경 등 장신구와 위신재를 중심으로 수요가 많았다. 사카 황금 유물이 동쪽으로 확산되는 과정은 이러한 중앙아시아와 전국 시대 중국 제후국 사이의 고대 실크로드 형성과 관련되어 있다.

먼저 모피를 보자.《삼국지(三國志)》〈위지(魏志)〉에서는《위략(魏略)》의 〈서융전(西戎傳)〉을 인용하여 정령(丁令)[19]에서 흰여우(白昆子), 푸른 여우(青昆子) 등이 유명하다고 기록했다. 즉 전국시대 고조선 일대에서 유명하던 모피가 한(漢) 대에 이르러서는 알타이 산악 지역에서도 유명해졌다. 실제로 알타이 지역의 파지리크 문화에서는 다양한 모피가 발굴되었다.[20]

신장 호탄 지역의 옥은 동서 교류의 근거가 되어서 옥의 길이 제안될 정도다. 나아가서 사카 이후 이 지역에서 번성했던 월지가 호탄 지역에서 생산되는 옥을 부르는 우씨지옥(禹氏之玉)의 '우씨'에서 유래되었다는 견해가 있다.

또 다른 중앙아시아의 특산품으로는 명마가 있다. 조나라 무령왕의 호복기사(胡服騎射)로 대표되듯이 중국 북방 지역은 급격하게 군마를 갖추어야 했다. 그 과정에서 중국 제후국들 사이에서는 양질의 말을 수입하는 것이 매우 중요한 현안으로 대두되었다.

한편, 중앙아시아 사카계 문화권에서 필요했던 중국계 유물은 사서에는 기록되지 않았지만 고고학적 유물로 증명되었으니, 바로 파지리크 문화에서 출토된 중국계 칠기다. 또한 신장 알라거우에서도 칠기와 중국제 비단 편이 출토되었다. 1930년대 시베(Shibe) 파지리크 고분에서는 칠기편이 발견된 바 있다. 당시에는 흉노의 노인-울라 고분과 비교하여 쓰촨 지역의 칠기가 유입된 것으로 보았다.[21] 그런데 시베, 바샤다르 등 기존에 알려진 칠기를 최근에 분석한 결과 노인-울라 출토품과는 다르다는 사실이 밝혀졌다. 또한 파지리크 고분에서 출토된 안장과 마구 등에는 칠을 한 흔적도 확인되었다. 이와 같은 중국계 칠기 전통은 이전에 생각했던 것보다 더 이른 기원전 6~5세기 중국 북방의 진(晉)나라에서 수입하거나 또는 그 영향으로 파지리크 문화에서 자체 제작했다는 연구가 발표되었다.[22] 진(晉)나라는 기원전 403년에 한, 조, 위 삼국의 소위 '삼가분진(三家分晉)' 사건 이전에 진(秦)나라와 제나라 사이에 존재했던 중국 북방의 강한 제후국이다. 진(晉)의 칠기가 파지리크 문화 일대에 유입되었다는 점은 당시 진나라가 이 지역과 무역했음을 의미한다. 나아가서 파지리크 왕족 고분의 마구와 의복에 칠이 되어 있다는 사실은, 칠기를 단순히 수입만 한 것이 아니라 파지리크 귀족과 왕족들에게 칠기 사용 문화가 도입되었음을 의미한다.

중국 제후국과 중앙아시아 지역의 또 다른 교류 거점으로 산둥반도가 주목된다. 산둥반도에서도 중앙아시아 지역과 교류한 흔적들이 확인된다. 먼저 페르시아 계통의 은합이 제의 칭저우 시신묘(西辛墓)에서 출토되었다.²³ 시신묘에서는 제법도(齊法刀)의 주범까지도 발견되었으며 이 열판문기명은 중국 내에서도 자체적으로 출토된 바가 있다. 윈난 스자이산 유적에서도 열판문 동두 네 건이 출토되었으며, 임치시, 서한 남월왕묘, 안후이성 베이터우산(北頭山), 장쑤성 등 네 곳에서 발굴되었다. 이 중에서 시신묘만 전국 시기이고 나머지는 서한 초기로 편년되는 점이 주목된다. 주조가 아니라 타출 기법으로 중국 경내에서 만들어졌음이 밝혀졌다. 또한 비슷한 은제 연판문기명은 원산지인 서아시아 일대는 물론 러시아 중부 자우랄산맥 근처에서도 다수 출토되었다.²⁴ 2015년에는 전국 시대 중앙아시아와 산둥반도의 관련성을 증명하는 또 다른 증거가 키르기스스탄에서 보고되었다. 키르기스스탄의 고전(古錢) 연구가 카미세프가 보고한 자료인데, 비슈케크 셀렉치온역 인근의 옛무덤 근처에서 발견되었다는 화폐를 소개했다. 같이 제시된 동전은 제나라의 제법도에 해당된다. 제법도는 제나라 화폐로 전국 시대 말기에 통용되었다. 주지하다시피 제나라는 산둥반도라는 지리적 이점을 이용하여 바다를 거점으로 고조선을 비롯한 주변 지역과 교역을 해 왔

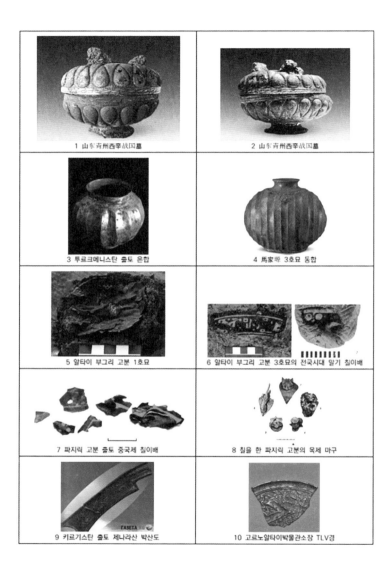

1 山東青州西辛戰國墓     2 山東青州西辛戰國墓

3 투르크메니스탄 출토 은합     4 馬家塚 3호묘 동합

5 알타이 부그리 고분 1호묘     6 알타이 부그리 고분 3호묘의 전국시대 얼기 칠이배

7 파지릭 고분 출토 중국제 칠이배     8 칠을 한 파지릭 고분의 목제 마구

9 키르기스탄 출토 제나라산 박산도     10 고르노알타이박물관소장 TLV경

그림 4-7. 전국 시대 실크로드를 통한 동서 문물 교류의 증거

다.[25] 나아가서 제나라가 내륙으로는 중앙아시아 일대와 교류했음을 증명하는 점은 향후 초원 실크로드와 해상 실크로드의 접점을 찾아 나가는 데 근거가 됨은 물론, 전국 시대 말기 초원의 황금 문화가 중국 전역으로 확대되는 과정을 설명하는 관건이 될 것으로 판단된다(그림 4-7).

앞서 본 것처럼 중국 북방 지역과 중앙아시아의 사카 문화권은 한나라 훨씬 이전 단계인 기원전 5세기경부터 빈번하게 교류했다. 사카 문화의 황금 유물은 이러한 중국 전국 시대 제후국과 교류의 산물로 유입되었고, 다양한 금세공 기술과 화려한 황금 장식이 중국 일대에 널리 확산되는 계기가 되었다.

# 하늘을 숭배하는 황금 인간:
## 흉노 제천금인의
# 해석

인간의 역사에서 황금으로 사람의 형상을 만들어 숭앙하는 경우는 드물지 않다. 메소포타미아나 이집트의 파라오 미라가 그러하고 가깝게는 중국 쓰촨 분지에서 약 3000년 전에 번성했던 싼싱두이 문화에서 청동 신상에 금박을 입힌 것도 황금 인간의 전통이라고 할 수 있다.

이러한 황금 인간의 전통은 중앙아시아를 중심으로 하는 유목민 사카 문화에서 널리 확산되었다. 그런데 앞 장에서 살펴본 바와 같이 중앙아시아 일대에서 널리 유행한 사카의 황금 문화가 동쪽으로 확산되었으며, 황금 인간을 만드는 전통 또한 함께 확산되었을 것으로 본다. 바로 전한(前漢) 시기 흉노의 성격과 관련하여 등장하는 '제천금인(祭天金人)'이라고 하는 특이한 풍습에 관한 기록에서 이를 알 수 있다. '하늘을 숭배하는 황금 인간'이라고 해석되는 이 자료는 곽거병(霍去病)의 원정 때 등장해 많은 학자의 관심을 끌었지만, 정작 그 실체에 관해서는 논란이 있었다. 역사 기록에서 이를 불상의 일종으로 착오해서 기록한 탓이다. 하지만 최근 중앙아시아 사카 문화를 중심으로 다양한 황금 인간이 발견되고 또 중국 북방으로 황금 인간이 유입된 사실이 뚜렷하게 나타나고 있다. 불교와 관련되었다는 편견을 벗어나 '제천금인'을 고고학적 맥락에서 이해한다면 바로 황금 인간의 풍습이 동아시아, 나아가서 한국으로 확산되는 과정을 볼 수 있다.

## 칼과 황금 인간: 유목민의 두 우상

《사기》〈흉노열전〉에 등장하는 흉노의 주요 숭배 대상은 크게 두 가지로, 낡은 보검인 경로도와 제천금인이다. 먼저 낡은 검을 의미하는 경로도는 비교적 많이 연구되었다. 초원 유목 문화의 동검 숭배는 기원전 10세기 이전부터 시작되었다. 동검은 유목 민족들의 제사에 사용되며 숭배되었고, 이러한 동검 숭배는 스키타이로 대표되는 흑해 연안의 초원에서 오르도스 지역까지 널리 확산되었다. 이 경로가 바로 아키나케스(Akinakes)에서 기원했다는 견해도 일찍이 제시되었다.[26] 하지만 경로와 유사한 발음의 경려(輕呂)라는 동검이 이미 상나라의 멸망 과정에서도 등장한다. 또한 청동기 시대(기원전 8~5세기) 여수 오림동의 고인돌 암각화에서도 동검 숭배 장면이 발견되었다.²⁷ 즉, 기원전 10세기 경을 전후하여 시작된 동검 숭배 사상이 유라시아 일대에 확산되었고 그 발로가 바로 흉노의 경로도 숭배 사상이다. 앞 장에서 언급한 기원전 8~6세기 진나라에서 사용된 진식검도 화려한 황금으로 치장했으니 제례에 사용되었을 가능성이 크다. 공간을 달리하여 한반도로 오면 여수 오림동의 고인돌에 새겨진 암각화에는 커다란 칼이 꽂혀 있고, 그 앞에 사람 두 명이 무릎을 꿇거나 서서 숭배하는 장면이 있다. 유라시아 전역에서 칼이 무력의 상징인 동시에 하늘과 땅을 이어 주는 연결고리라고 여기고 숭앙한 증거다.

경로도 이외에 또 다른 흉노의 우상으로는 제천금인이 있다. 이에 관한 재검토를 위해서 제천금인이 역사에 등장하는 시점을 보자. 제천금인은 기원전 123년에 곽거병이 휴도왕을 정벌하던 때의 사건에서 등장한다. 관련한 기록은 다음과 같다.

그 이듬해 봄(기원전 123년)에 한나라는 표기장군(驃騎將軍) [곽]거병(霍去病)에게 만 명의 기병을 거느리고 농서군에서 출정하도록 했다. [그는] 연지산(焉支山)을 지나 천여 리 [나아가] 흉노를 공격해 흉노의 수급과 포로 만 8000여 급을 얻고 휴도왕(休屠王)을 격파해 제

천금인을 얻었다.[28]

흉노가 제사를 지내던 곳은 원래 운양 감천산 끝자락이었으나, 진나라가 그 땅을 차지함에 따라 그것을 휴도왕의 오른쪽 땅으로 옮겼다. 이에 휴도왕이 제천금인을 가지게 되었는데 하늘을 경배하는 제천인과 닮았다.[29]

황금으로 사람을 만들어서 하늘에 제사를 지내는 중심으로 삼는다. 호(胡)는 황금 인간을 중심으로 제사를 지내는데, 지금의 부도금인이다.[30]

제천금인은 곽거병이 휴도왕을 정벌하는 과정에서 수집되었다. 《사기정의》에 따르면 경로(徑路)를 섬기는 제단은 옹주(雍州)에 있고 금인을 섬기는 제단은 운양현 서북쪽으로 90리를 가야 있는 감천산 자락에 두었다고 한다. 이 지역은 대체로 현재의 시안과 셴양(咸陽)의 북쪽인 산시성 춘화현(淳化縣)에 위치한다. 간쑤회랑에서 시안 일대로 확산되는 길목인 셈이다. 흉노는 원래 제천금인을 운양 감천산 일대에 두었다. 하지만 그 지역을 진(秦)나라에 빼앗기는 바람에 흉노의 우두머리 휴도왕은 그 금인을 가지고 다닐 수밖에 없었고, 결국 기원전 123년에 곽거병에게 빼앗겼다. 곽거병은 연지산을 넘어서 천여 리나 지난 지역에서 휴도왕의 군대를 대파하고 흉노의 제천금인을 노획했다고 하니, 아주 먼 거리를 이동한 셈이다. 그리고 이 전리품은 흉노가 중국을 대파한 상징으로 널리 알려지며 다양한 역사서에 반복적으로 등장하게 되었다.

## 제천금인은 부처님이었을까

다만, 곽거병이 노획한 제천금인이 무엇인지는 제대로 알려지지 않았다. 한동안 이것을 불상이라고 보았는데, 이는《사기색은》에서 "지금의 불상"이라는 주석을 달아 놓았다는(今浮图金人是也) 구절에서 시작되었다.《사기색은》은 당나라 사마정(司馬貞, 679~732년)이 완성한《사기》주석서다. 당시에는 이미 불교가 널리 퍼져 있었고《사기》〈대완열전〉에서 신독(인도)의 불상을 똑같이 '금인'이라고 본 것을 참고한 듯하다. 게다가 흉노의 문화는 완전히 사라진 상태였으니 실물을 보지 못한 채 '금인'이라는 동일한 단어 때문에 혼동한 것이다. 그리고 이러한 오해는 한~당대에 널리 확산된 것 같다. 당나라 초기로 편년되는 둔황 막고굴 323호굴의 북쪽 벽에 새겨진 장건의 〈서역출정도〉에는 불상과 같은 모습을 한 제천금인이 표현되어 있다(그림 4-8).

그림 4-8. 둔황 막고굴 323호의 장건 〈서역출정도〉
오른쪽에 불상처럼 표현된 신상이 제천금인이다.

하지만 이러한 사마정의 해석은 20세기 이후에도 영향을 미쳤다. 많은 역사가가 이 주석을 신뢰해서 흉노가 불상과 같은 신상을 만들었다고 보거나 나아가서 막연하게 인도에서 건너온 초기 불교의 증거라고 보는 등 의견이 분분했다. 물론 흉노의 영향은 서역과 중앙아시아로 확산된 적이 있으며, 쿠샨왕조 간다라 미술의 유입 경로와도 일부 겹칠 수 있다. 하지만 지난 100여 년간 방대하게 조사된 흉노의 고분과 생활 유적 어디에서도 불교의 흔적을 확인할 수는 없었다. 또한 북중국과 몽골 등 흉노의 유적이 널리 퍼진 지역에서도 제천금인에 비교할 수 있는 신상의 흔적은 전혀 발견되지 않았다. 대신에 흉노는 서기 1세기 초반 멸망 직전까지 조로아스터교와 샤머니즘을 주로 믿었음이 노인-울라와 같은 고분 자료로 증명되었을 뿐이다.

그래서 최근에는 중국에서도 제천금인을 불교의 유입과 연관 짓는 대신에 흉노가 제사를 지낼 때 사용한 천신(天神)을 대표하는 신상으로 보는 견해도 제시되고 있다.[31] 분명한 사실은 문헌에 나오는 제천금인의 실체를 찾을 단서가 부족하다는 점이다.

## 고고학이 말하는 제천금인의 실체

제천금인을 기록한 맥락으로 볼 때, 사마정은 동 시기의 생생한 전황을 기록하며 제천금인을 주요 전리품으로 묘사했다. 즉, 기록 자체의 진위는 의심할 바가 없으며, 흉노를 대표하는 종교적 숭배의 대상이었음은 분명하다. 그리고 사서에 기록된 대로 실제 제사에 동원되려면 작은 부적(amulet) 정도가 아니라 사람과 비슷한 크기는 되어야 할 것이다. 비록 정식 사서는 아니지만 위진남북조 시기의 《세설신어(世說新語)》에 제천금인은 사람의 크기라고 한 부분도 참고가 된다. 또한 재질도 외견상 돌이나 나무가 아닌 금속류라고 생각하는 것이 합당하다. 제천금인이 극히 일부의 풍습이 아니라 흉노 집단이 형성되어 꾸준히 이어 온 종교적 전통에서 기원했다면 그와 유사한 고고학적 유물들이 발견되어야 한다. 하지만 제천금인과 유사한 흉노의 신상은 출토되지 않았다.

먼저 고고학적으로 제천금인에 부합하는 시공간적 범위를 확정해 보자. 역사서에 따르면 휴도왕이 제천금인을 소유한 때는 진나라가 운양의 감천산 지역(지금의 시안 북쪽)을 차지한 이후다. 즉, 진나라 시기인 기원전 3세기 이전부터 이 지역에 제천금인의 풍습이 있었음을 의미한다. 감천산 일대는 간쑤회랑을 따라서 중국 산시 지역으로 이어지는 농서(隴西) 지역의 끝자락이다. 바로 기원전 4~3세기 대에 카자흐스탄 제티수의 사카 문화가 신장성과 간쑤회랑을 거쳐 중국 북방 지역으로 유입되는 경로와 일치한다.

　이 시기 이 지역으로 유입되는 사카계 문화는 실체가 자세히 알려진 간쑤 마자위안 유적이다. 즉, 제천금인과 관련된 고고학적 자료는 기원전 4세기를 전후한 시점에 이 지역의 황금 자료에서 실마리를 찾을 수 있다.

　다음으로 '제천금인'에서 글자 그대로 '황금 인간'이라는 뜻에 주목한다면, 최근 카자흐스탄 동부에서 중국 간쑤 일대까지 전국 시대에 해당하는 기원전 6~3세기의 황금 인간이 출토된 점에 주목할 수 있다. 이렇게 족장이나 귀족급 무덤에 묻힌 사람을 황금으로 덮는 예는 비단 특정 문화에 한정되지 않고 사카계 문화에서 전반적으로 발견되고 있다. 대표적 예로 카자흐스탄의 실릭티, 엘레케-사지, 이시크 고분 등이 있으며 알타이 지역의 부그리 고분, 아르잔 2호 고분, 간쑤 마자위안 등을 들 수 있다. 이들 유적에서는 공통적으로 많게는 수천 개, 수백 개의 황금 장식을 온몸에 휘감은 왕족급 인골이 발견되었다. 고분 대부분이 도굴되었음을 감안하면 족장이나 왕족은 황금 옷으로 온몸을 둘렀을 것이다(그림 4-9).

　그리고 이러한 황금을 두르는 풍습은 중앙아시아의 사카 문화에서 간쑤회랑을 따라 중국 서북 지역으로 이어지는 마자위안 유적에서도 발견된다. 다만 마자위안에서는 몸 전체를 황금으로

그림 4-9. 카자흐스탄과 간쑤성 일대의 황금 인간
① 아르잔 2호 고분 ② 아타토베 ③ 탈디 2호 ④ 실릭티 ⑤ 이시크 고분 ⑥ 엘레케 사지

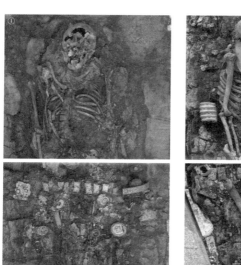

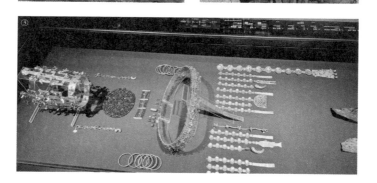

그림 4-10. 간쑤 마자위안(①②)과 신라의 황남대총(③)

두르는 대신에 허리띠 장식을 중심으로 하여 장식 부위가 변했다. 이는 중국식 의복 도입 등과 연관이 있으리라 추정된다. 또한 이러한 초원의 황금 장식은 신라나 아프가니스탄과 같은 주변 지역으로 확산되면서 옷 대신에 금관을 쓰는 전통으로 변했다 (그림 4-10). 분명한 점은 사카 문화의 확산은 흉노 성립과 관련이 있으며, 최고위층은 황금 인간으로 만들어서 매장했음을 감안하면 '제천금인'을 이러한 매장 풍습과도 관련지어 볼 필요가 있다.

## 유라시아 유목 문화와 황금 인간

황금을 선호하는 것은 유라시아 유목 문화의 일반적 상황이다. 가볍고 얇게 늘어나 장식 효과가 크며, 가공하는 데 별다른 시설이 필요하지 않기 때문에 유목민들은 유독 황금을 선호했다. 그리고 도굴되지 않은 고분들을 보면 몸 전체를 황금으로 장식하는 금인의 풍습이 실제 존재했음을 확인할 수 있다. 다만 무덤에 묻혀 있는 황금 인간이 어떻게 금인이라는 신앙의 대상으로 숭배될 수 있는지 의아할 수 있다. 제사를 위해 모셔 두는 제천금인을 무덤에서 발견되는 황금 인간과 곧바로 연결 지을 수는 없기 때문이다. 하지만 스키타이나 흉노 계통의 유목 문화와 장례 풍습을 이해하면 황금 인간은 단순한 매장이 아니라 제사 의식으로 이어졌을 가능성이 크다.

초원 지역은 겨울이 아주 긴 대신 여름은 4개월 이내로 상당히 짧다. 실제 알타이 파지리크 문화 고분의 목곽과 관에 쓰인 나무를 분석하면 대부분 가을에 채벌되었다. 즉, 여름 목초지에서 겨울 목초지로 이동하기 직전에 한 해에 세상을 떠난 모든 사람의 고분을 만든다. 따라서 사람이 죽으면 그들은 길게는 반년 이상 엠버밍 처리를 하여 빈(殯, 일본어로 모가리)의 과정을 거친다. 무덤에 넣기 전에 지상에서 시신을 관리하는 빈은 우리나라 삼국 시대에서 많이 알려져 있지만, 이미 파지리크 고분과 헤로도토스의 스키타이인들에 관한 기록에도 남아 있다. 스키타이인들은 죽은 왕을 수레에 태우고 몇 개월간 그가 지배하는 지역을 마지막으로 순회한다. 이 시기에 부패를 방지하기 위해 엠버밍을 하고 마치 살아 있는 사람처럼 그가 원래 거주하던 유르트에 모신다. 이와 같이 사카 문화에 널리 퍼져 있는 황금 인간의 풍습은 단순한 매장이 아니라 사망자에게 빈을 하고 그를 황금으로 치장하는 풍습과 연관 지을 수 있다. 따라서 왕족 또는 최고위 귀족이 묻힐 경우에는 시신을 단순하게 유르트에 두지 않고 마치 살아있는 사람처럼 여러 곳을 순회하며 그에 합당한 의례가 동반되었을 것이다. 기나긴 빈의 과정에서 귀족이나 왕족은 살아 있던 때와 마찬가지로 대접받으며 자신의 천막에 안치되었다. 우코크의 파지리크 고분에는 죽은 사람이 살았던 유르트의 여러 부분을 뜯어서 같이 집어넣기도 했다. 지하에 안치되는 순간 시신이 살았던 지상의 영안소가 해체되는 것이다.

빈은 고대 동아시아에서 널리 행해졌다. 빈을 하는 기간에 사람들은 미라가 된 왕족이나 귀족에게 화려한 옷을 입히고 지속적으로 공양했다. 실제 고분에서 출토된 황금 인간들의 옷에는 황금 장식이 얇게 붙어 있다. 이시크 고분에서 나온 황금 인간의 장식은 상당수가 새것이어서 매장 직전에 만들어 붙였음을 알 수 있다. 실제로 이러한 황금 장식을 붙인 옷은 전쟁에서는 실용적이지 못하다. 자잘한 황금 장식은 하나하나 직접 손으로 만들어야 하므로, 빈의 기간에 황금 인간으로 숭배하면서 점차 장식을 붙여 나가며 황금 인간으로 완성했다. 즉, 죽은 귀족이나 전사는 빈의 기간에 몸에 황금을 덮는 과정을 거쳐서 신격화되었다고 볼 수 있다. 흉노의 제천금인은 바로 이러한 유목민들의 황금 인간을 만드는 풍습의 발로로 봄이 합당하다.

## 사카의 황금 문화와 흉노의 제천금인

앞 장에서 카자흐스탄의 사카 문화가 신장성과 중국 서북 지역을 거쳐서 중국 북방의 장성 지대로 널리 확산되는 과정을 살펴보았다. 이 과정에서 황금 인간을 만들어 모시는 풍습도 동쪽으로 유입되었다고 봄이 매우 자연스럽다. 제천금인을 노획한 곽거병의 활동 연대는 기원전 2세기 중반이다. 유감스럽게도 흉노가 이 시기에 어떠한 고분을 사용했는지는 제대로 밝혀진 사실이 많지 않다. 몽골 경내에서 발굴된 대형 귀족 고분은 대부분 기원 전후 시기의 것들이기 때문이다. 또한 운양 감천산 일대는 전통적 흉노의 고고학적 문화가 제대로 알려져 있지 않다. 다만 최근 몽골에서 발굴된 치헤르틴 저 유적에서 기원전 2세기 이전의 양상을 알려 주는 고분이 발굴되었다. 2017년에 몽골 투브아이막(Tuv aimag) 바양차간솜(Bayantsagaan sum)의 치헤르틴 저(Chikhertyn zoo) 유적에서 발굴된 201호 무덤이다.[32] 이 무덤의 연대를 측정한 결과 기존에 알고 있던 흉노의 고분보다 100년 이상 빠른 기원전 3세기 대로 밝혀졌다.[33] 그리고 무덤의 형태도 한나라의 영향을 받은 흉노의 고분과는 다르다. 흉노의 고분은 깊게 파기 위하여 계단식으로 무덤 구덩이를 파내려 가지만, 치헤르틴 저의 무덤은 장방형으로 수혈을 파서 무덤을 만들었다. 무덤 내부는 심하게 도굴되어 인골은 물론 문화의 성격을 제대로 밝힐 단서가 많지 않다. 그럼에도 도굴꾼도 건드리지 않은 무덤 벽에 결정적 증거가 있었으니, 남벽과 북벽에 각각 네 개의 마차 바퀴가 발견되었다. 남쪽 벽의 전차는 바큇살이 스물네 개며 북쪽 벽의 바큇살은 열네 개다. 이러한 사륜마차는 사카 문화의 알타이 쪽 지방 변종인 파지리크 고분에서 출토된 바가 있다. 파지리크 고분에서 출토된 마차의 바큇살은 열여섯 개로 북쪽 벽 출토품에 가깝다. 치혜르틴 저는 바로 당시 중앙아시아 사카 계통 문화의 일부인 알타이 파지리크 문화의 고분과 가장 유사하다. 반면 남벽은 바큇살이 스물네 개이므로, 바큇살이 스물여덟 개인 간쑤 마자위안 유적에서 출토된 마차에 더 가깝다. 바큇살이 많을수록 충격을 흡수하여 안정적으로 기승할 수 있다. 치혜르틴 저에서 출토된 초기 흉노의 전차는 알타이 파지리크 문화에서 점차 동쪽으로 와서 현지화되는 전차의 중간 과정을 보여 준다. 또한 함께 발견된 전차 부속은 한나라 시기의 것과 다르다. 치혜르틴 저의 전차가 중국 한나라 계통이 아니라 중앙아시아에서 유입된 사카 계통 문화의 전통을 잇는다. 즉 파지리크와 마찬가지로 초기 흉노의 족장이 사망하면 그 시신을 전차에 태우고 주변을 순례한 후 바퀴를 떼어 내서 묻은 증거로 볼 수 있다. 치혜르틴 저의 정확한 연대는 이 고분에서 측정된 방사성탄소연대나 전차 부속의 형태로 볼 때 기원전 3세기 대가 중심이며, 늦어도 2세기 초반이다. 즉,《사기》에 등장하는 '제천금인'이라는 풍습이 있었던 시기에 해당한다. 곽거병이 노획한 흉노의 제천금인은 진나라 시기에 운양에 설치했으니 적어도 흉노는

3세기경에 황금 인간을 만드는 풍습이 있었음을 의미한다. 또한 이때는 몽골 일대에 파지리크 문화가, 중국 북방 장성 지대에 사카 계통 문화가 유입되는 시기다. 이러한 정황으로 볼 때, 흉노의 제천금인은 사카 문화에서 제작된 황금 인간일 가능성이 크다.

곽거병이 8000명의 수급을 베고 제천금인을 노획한 시기는 봄이다. 보통 초원에서 고분을 만들기 위해 땅을 파는 시점은 늦여름에서 가을 사이이니 봄에 황금 인간으로 만들어 엠버밍을 했을 가능성이 있다. 그런데 진나라 멸망을 기점으로 하면 곽거병의 전쟁은 100여 년이 지난 뒤다. 이때까지 흉노가 이를 보존하면서 가지고 다녔을 가능성은 그들의 유목 풍습을 생각하면 납득하기 어렵다. 곽거병이 노획한 것은 진나라부터 계속되어 오던 흉노의 풍습이 이어진 것으로, 노획한 황금 인간을 진나라 시기의 제천금인과 동일한 것으로 연결해 자신들의 치적을 강조했을 가능성이 더 크다.

## 제천금인의 소멸, 그리고 금관의 등장

기록에 따르면 제천금인은 원래 사당에 안치되어 있었다고 한다. 하지만 기원전 3세기에 흉노가 별도로 만든 사당의 흔적은 없기 때문에 그 실체를 알기 어렵다. 다만 위치는 진나라의 중심지에서 멀지 않은 운양의 감천산이며, 이 제천금인의 사당이 파괴된 이후 더 이상 사당을 짓지 않았음이 분명하다. 수많은 중국 사신이 한나라 시절에 흉노와 왕래했으며, 선우를 중심으로 하는 흉노의 제사에 관한 기록을 남겼지만 제천금인에 관한 기록은 더 이상 없다. 황금 인간을 숭배하는 전통이 사라졌다는 뜻이다.

우리가 알고 있는 대부분의 흉노 고분은 제천금인의 전통이 사라지고 난 후에 만들어졌다. 제천금인 탈취 사건은 초기 흉노가 몽골 경내로 중심지를 옮기고 무덤 및 제사 체계를 바꾸는 계기가 되었다고도 볼 수 있다.

그럼 무엇으로 제천금인의 전통을 대신했을까 생각해 보자. 아쉽게도 이제까지 흉노 귀족의 고분은 예외 없이 완전히 도굴되어 자세하게 파악할 수 있는 단서가 많지 않다. 하지만 흉노의 황금 유물은 주로 허리띠와 귀걸이, 머리 장식들이 발견될 뿐 사카 문화와 같이 의복 장식은 거의 발견되지 않는다. 이는 황금으로 온몸을 치장하는 풍습은 사라졌다는 뜻이다. 알루차이딩의 금관과 같이 황금 장식이 금관과 머리 장식에 집중되는 것과도 관계가 있다. 또한 중국이 매년 흉노에게 대량으로 바치는 공물에도 중국식 비단옷이 반드시 빠지지 않고 등장했다. 대신에 황금 장식은 알루차이딩이나 시거우판 유적에서 보이는 화려한 황금 장식처럼 개인을 치장하는 장신구 쪽으로 발달했다. 그와 동시에 흉노의 세력은 급격히 약화되어 결국 서기 1세기경에는 한나라에 패주했다. 황금으로 사람의 전신을 치장하는 것이 얼핏 보면 큰 사치인 듯하지만, 오히려 유목민들의 정체성을 유지하는 주요한 도구였음을 의미한다.

이와 같이 제천금인 사건은 역사 기록에 등장하는 하나의 사건이 아니라, 초기 흉노가 본격적으로 그들의 본거지를 몽골 지역으로 옮기는 과정에서 표출된 유목민의 황금 인간 숭배와 고고학적으로 발견되는 황금 인간의 상관관계를 보여 주는 상징적 사건이다. 흉노의 쇠퇴를 기점으로 온몸을 두르는 기마인의 황금 인간 풍습은 사라지고, 그 대신 머리에 관을 만들어 쓰는 풍습이 신라와 주변 지역을 비롯하여 유라시아 전역에 등장하는 계기가 된다. 이에 관해서는 다음 장에서 설명하겠다.

# 제사 권력의 독점과
## 신라 금관의
# 기원


## 한국 고고학의 시작과 함께한 신라 금관

한반도에 황금이 사용되기 시작한 것은 약 2000년 전에 삼국이 정립되던 시기다. 하지만 본격적으로 황금 문화가 꽃피운 것은 서기 4세기 대 이후이며, 특히 신라의 금관은 유라시아 황금 문화와 관련성을 대표하는 유물이다. 실제로 유라시아 각지에서 훈족의 시대(서기 1~5세기)를 전후하여 신라의 금관과 유사한 다양한 금관이 발견되고 있다. 동유럽에서 한반도에 이르기까지 금관을 사용하는 집단들은 공통적으로 흉노에서 시작된 황금 예술을 공유하면서 스스로를 흉노의 후예로 자처한다. 이러한 유라시아 공통의 금관이 신라에서도 발견되는 것에 관한 의문은 신라 고고학과 함께 시작되었다고 해도 과언이 아니다. 1922년 금관총 발굴 시기에 이미 비교 자료로 스키타이의 금관이 소개되며 그 유사성에 주목했다. 특히 해방 이후 한국 최초의 발굴이라 일컫는 신라 호우총의 보고서에는 흑해 크림반도 호흘라치 스키타이 고분에서 출토된 황금 금관을 비교 자료로 실을 정도였다. 신라 금관과 유라시아 초원의 상관관계는 100년 넘게 학계는 물론 일반 대중의 관심사가 되었다.

## 금관을 둘러싼 논쟁

신라 금관과 유라시아의 관련성은 이후 발견되는 여러 유물로도 재확인되었다. 앞에서 밝힌 바와 같이 신라의 금관은 제작 기술로 본다면 유라시아의 황금 제작 전통에 한반도 토착의 돌과 옥을 제작하는 기술이 결합된 결과다. 하지만 기존에는 신라 금관에 관한 거시적 관점과 재지 사회의 조응을 종합적으로 검토하지 않은 채 단편적 요소에만 집중하여 기원을 밝히고자 했기 때문에 접근에 한계가 있었다.

1970년대 말에 아프가니스탄의 틸리야 테페 유적에서도 신라 금관과 제작 기법 및 형태가 흡사한 유물이 출토되었다. 그리고 1980년대 이후에는 랴오닝성 일대의 모용선비 무덤에서도 금관과 유사한 모티브의 보요관이 확인되었다. 그 밖에 유라시아 초원에서는 동서를 아울러 금관 및 신라의 황금 기술과 유사한 다양한 황금 유물이 발견되었다. 이미 유럽 고고학계에서는 서기 3~7세기에 이후 유럽으로 유입된 황금 문화의 동인을 훈족의 이동으로 촉발된 민족의 대이동 시기(훈족의 대이동 시기)와 연관 지어, 이것이 유럽 중세 황금 예술의 연원이 되었음을 주장한다.

　반면에 한국에서는 신라 금관의 기원에 관해 막연하게 북방 유라시아에 기원을 두거나, 너무 멀기 때문에 교류가 어려웠을 것이라는 불가지론에 근거한 자생론이 있다. 여전히 20세기에 단편적으로 논의되었던 기원론의 틀에서 벗어나지 못하고 전파론과 자생론이라는 증명할 수 없는 한반도만의 틀 속에서 금관을 바라보고 있다고 해도 과언이 아니다. 금관의 출현은 신라만의 현상이 아니라 전 유라시아에서 동시다발적으로 일어났다. 즉 신라 지배계층만의 문제가 아니라 다양한 유라시아 초원 문화의 발달이라는 차원에서 바라보아야 한다.

　이와 같이 피상적으로 접근하는 배경에는 한국 문화의 기원을 둘러싼 기마민족설과 같은 정복 민족에 의한 극단적 전파론을 경계하는 데 그 일차적인 원인이 있다. 또한 자생론 역시 증명할 수 없는 무리한 주장임이 분명하다. 신라에서 제작했다는 이유만으로 신라 금관이 외부의 영향 없이 스스로 만들어졌다고 주장하는 것은 더더욱 근거가 박약하기 때문이다.

이러한 단편적 이해는 유라시아 고고학의 전반적 맥락과 황금의 가치를 심도 있게 이해하지 못한 채 남한의 지엽적인 고고학적 현상에만 몰두하는 연구 경향으로 이어졌다. 또한 북한에 막혀 북방 지역에 관한 자료를 제한적으로 접할 수밖에 없는 남한 고고학의 한계이기도 하다. 실제로 남한은 고대국가의 성립 과정에서 중국(사실 이 또한 현대 중국의 정치적 국경 범위와 고대 중원 문화의 차이를 정확히 규정하지 않은 매우 모호한 설정이다)의 이민 및 문화 전파를 절대화하는 경향이 매우 강하다. 예컨대 북방계 문화 요소가 현재 중국 북방 지역에 분포하기 때문에 결국은 중국을 거쳐서 전래했으니, 사실상 중국에서 전래되었다고 하는 견해도 있다. 이는 선택적 전파론과 중국 중심주의가 결합된 양상이라고 할 수 있다.

서기 1세기에 북흉노가 한나라에 멸망한 직후 훈족으로 대표되는 '민족의 대이동 시기'가 이어지는데 그 시기는 학자에 따라서 서기 3~5세기 또는 서기 3~7세기로 약간씩 다르다. 하지만 그 여파는 유라시아 전역에 크게 미친다. 이 시기 영국에서 신라에 이르는 거대한 지역은 하나의 황금 문화 제작 기술을 공유한다. 이 변동의 1차적 동인은 훈족의 이동과 그 여파지만 그것만으로는 모든 현상을 설명할 수 없다. 사방에 전래된 것은 훈족의 황금 기술이기 때문이다. 즉 한국의 삼국 시대에 해당하는 1000

년기 전반기에 유라시아 동서를 가로지르며 나타난 금관은 주민의 대량 이주가 아니라 지역 간 교류 및 기술의 이동으로 주변 지역에 확산되면서 발생한 전통이다. 이것을 극단적 이주나 우연의 일치처럼 선험적으로 규정하는 것은 실체적 접근에 전혀 도움이 될 수 없다.

우크라이나에서 신라에 이르는 금관들은 기본적으로 사슴과 나무를 모티브로 한다는 점에서 유사하다. 하지만 유물들은 각지에서 제작되었다. 따라서 광범위한 지역에서 나타나는 금관의 유사성을 해석하는 데는 세부 기법 분석이 의미가 없다. 대신에 금관이 지니는 종교나 제의적 의미와 함께 실제 사회에서 금관이 하는 기능과 활용 면에서 의의를 찾아야 한다.

앞 장에서 보았듯이 유라시아 초원을 중심에 놓고 보면 오히려 중심 지역에서는 금관 대신에 황금 인간의 전통이 강하다. 반면에 주변 지역에서는 의복과 장신구는 물론 여기에 화려한 금관이 부가되는 양상이다. 이는 단순한 미적 욕구 충족이 아니라 해당 사회의 종교와 권력이라는 차원에서 해석해야 함을 의미한다. 따라서 황금의 미와 형태적 비교를 벗어나서 흉노의 황금 기술을 수용하고 금관을 사용할 수밖에 없었던 당시의 사회적 상황을 유라시아 전체의 변동이라는 관점에서 바라보아야 한다.

## 황금 인간에서 금관으로 전이

초원 지역의 황금 숭배 풍습은 흉노가 붕괴한 이후 훈족의 발흥(서기 4~5세기)에 따라 유라시아 전역으로 확산되었다. 이러한 훈족 계통 황금 문화의 확산은 유라시아 초원 지역의 대변동(민족의 대이동시기)에 따라 초원 문화가 확산되는 외적 조건과 새로운 위신재 수입과 이데올로기 도입의 필요성이라는 내적 조건이 만나서 이루어진 결과다.

황금 인간을 만들었던 중앙아시아의 사카 문화에서는 관모를 황금으로 장식했을 뿐 금관은 사용하지 않았다. 그런데 초원 주변 지역에서는 황금 인간이 금관과 황금 마스크 두 방향으로 변화하게 된다. 크게 금관으로 표현되는 지역과(신라, 틸리야-테페, 사르마트), 황금 마스크(키르기스스탄 샴시, 티베트 자다취타, 신장 일리 보마, 네팔 북부 무스탕, 헝가리 일대 등)를 쓰는 중앙아시아 남부 지역으로 나뉜다. 먼저 황금 마스크는 1950년대 키르기스스탄에서 발견된 샴시 유적이 대표적이다. 여성 샤먼의 무덤으로 추정되며, 이 유적에서 출토된 황금 마스크는 뺨에 신라 왕관에서도 보이는 세계수가 장식되어 있다. 늘어뜨리는 현수형 장식이 머리 위에 달려 있는데, 이는 실제 의식 시 눈을 덮는 용도였다. 즉, 세계수가 표현된 위치만 머리 위에서 얼굴로 이동했을 뿐 최근 시베리아의 샤먼들이 사용하는 머리 장식과 같은 상징성이 있었음을 추정할 수 있다.

한편, 금관으로 이어지는 전통은 오르도스 회랑을 따라 중국 북방과 신라, 서쪽으로는 흑해 연안과 아프가니스탄 지역 등으로 확대되었다. 신라 금관에 나타나는 상징과 의미, 시베리아 샤먼들과 관련성에 관해서는 이미 1980년대부터 연구가 많이 되었으므로[34] 굳이 재론할 필요는 없다. 신라 금관이 자체적으로 제작되었다는 점을 들어서 자생론을 주장하려는 연구자도 있다. 하지만 신라 금관의 모티브를 구성하는 종교적 상징과 기술 도입에 관한 해석이 없이 신라 자체의 기술이기 때문에 독자적으로 만들었다고 강조한다면 마치 우연히 비슷한 것을 만들었다는 식의 오해를 불러일으키므로 고고학적 맥락을 도외시하게 된다.

주지하다시피 머리에 무거운 금관 또는 황금 장식을 쓰는 풍습은 사카 문화의 기마 전사들에게는 도입되기 어렵다. 하지만 그것만으로는 사카 문화의 황금 인간이 금관이나 황금 마스크로 변용되는 과정을 설명할 수 없다. 주변 지역으로 확산되는 과정에서 금관이나 황금 마스크로 바뀌는 이유는 크게 기마 및 종교 전통의 차이, 주변 집단과 차별화 등에서 찾을 수 있다. 여기에서는 그중에서도 신분과 종교 전통의 차이라는 점과 연관해서 살펴보고자 한다.

## 제사 권력의 독점과 신라 금관

황금 인간에서 시작된 금인 숭배 풍습이 금관으로 이어져서 주변 지역으로 흡수되는 과정을 신라 금관에 집중해서 살펴보자. 초원의 풍습이 신라로 확산되어 금관으로 변용되는 과정은 크게 세 가지 측면, 즉 세계수의 상징화를 가미한 금관(샤머니즘), 편두 풍습 그리고 정착민 고대국가의 선민의식과 제사 권력의 독점으로 설명할 수 있다.

첫 번째로 머리의 장식으로 들어간 세계수의 모티브다(그림 4-11). 세계수를 중심으로 하는 샤머니즘은 전 유라시아에 시공을 초월해 발현되었고, 이는 신라 금관과 똑같은 모티브가 시베리아 전역은 물론 만주 일대에도 최근까지 남아 있는 결과로 이어졌다. 예컨대 랴오닝성박물관원에 전시된 근대의 만주족 샤먼 관련 유물(그림 4-12)은 황금을 제외하고 '出' 자형 장식, 사슴뿔 등 전반적 모티브가 신라의 금관과 매우 유사하다. 세계수 사상은 초원 지역에서도 일부 발견되긴 하지만, 금관이 아니라 사슴뿔로 암각화와 황금 장식에 표현된다.

두 번째로 금관을 쓰는 집단에서 공통적으로 확인되는 편두라는 풍습에서 찾을 수 있다. 여기에서 주목되는 것은 흉노의 편

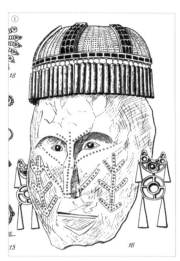

그림 4-11. 유라시아와 신라의 금관
① 키르기스스탄 샴시 출토 샤먼의 마스크, 금관 및 장신구
② 남부 시베리아 하카스의 샤먼 모습 암각화
③ 서시베리아 쿨라이 문화의 관을 쓴 샤먼 청동상
④ 러시아 흑해 호흘라치 고분 출토 금관 장식

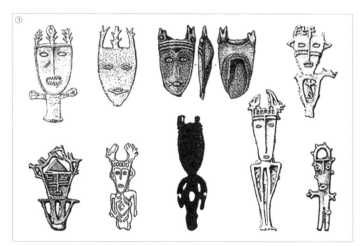

두 의식이다. 편두는 신석기 시대 이래로 널리 유행했으며[연해주 보이스만(Boisman) 패총 무덤 등], 유라시아 초원에서도 널리 확인된다. 스키토-시베리아 문화 시기에도 시베리아 일대에서 편두의 풍습이 확인된다. 이 풍습이 확산되는 시점은 흉노의 팽창과 관련이 있으니 흉노 시기를 거쳐 민족의 대이동 시기(훈족 시대)가 되면 전 동유럽에서 한반도에 이르기까지 널리 나타난다. 즉, 특정한 민족의 전유물이 아니라 신분 상징의 도구로 비교적 널리 유행한 현상이라고 할 수 있다. 흉노의 황금 문화를 도입하여 사용한 유라시아 각지의 집단들은 대부분 편두로 선민의식을 강조했다. 틸리야-테페와 훈족의 황금을 부장하는 무덤의 여러 무덤 주인공은 공통적으로 편두를 하고 있다. 정수리에 밴드를 두르듯 감아서 마치 달걀처럼 머리를 뾰족하게 만드는 흉노식 편두는 흉노의 영향을 받은 모든 지역의 편두에서 공통적으로 나타난다. 사실 유라시아 각 지역에 널리 퍼져 있기 때문에 이것을 단순히 민족적 내지는 혈연적 특징으로 간주하긴 어렵다. 그러나 편두의 특성상 어려서부터 지속적으로 머리를 관리해야 한다는 점을 감안하면 편두는 특정한 지위의 사람들만 독점할 수 있는 장치였다. 그리고 금관은 편두를 한 사람들이 독점할 수 있는 위신재로, 독자적 지배계급을 유지하는 데 필요했다. 흉노의 편두 풍습은 금관이라는 전통과 결합하여 흑해에서 아프가니스탄,

그리고 신라에 이르는 유라시아 초원 주변역에서 강력한 통치의 상징으로 사용되게 되었다.

세 번째로 마립간 체제가 공고해지는 신라 지배계층의 선민의식과 관련되어 있다. 이 시기 신라 왕족은 스스로 흉노의 후예를 자처했으며, 신라에 김(金)씨의 독점적 권력세습이 확립되는 상황에서 새로운 이데올로기와 상징체계가 필요한 상황이었다. 이 과정에서 북부여-부여-고구려-백제로 이어지는 부여계 천손 민족을 지배 이데올로기로 내세웠던 삼국의 다른 나라와 차별화하여 신라는 자신들만의 이데올로기를 공고히 하고자 했다. 한편 초원 지역은 흉노 세력이 와해되고 이후 선비, 유연 세력 등이 발흥하는 혼란기를 거쳐서 훈족의 대이동이 이어지면서 초원 문화의 영향은 갈수록 주변 정착 국가들에 확산되었다. 이러한 시점에서 초원 지역 흉노 계통의 황금 유물과 그들의 종교 및 사상은 정착민들에게 매력적이었을 것이다. 즉, 확산되는 신라의 네트워크와 중국 세력의 팽창으로 초원은 붕괴되고 있었고, 북방계 천손 민족 계통임을 자신들의 지배 이데올로기로 내세웠던 부여, 고구려, 백제에 맞선 신라는 내물마립간의 지배체계가 확립되는 시점이었다. 내부적으로 거대한 고분을 세우며 지배 이데올로기를 강화화고 지방 거버넌스를 확립할 필요가 있었다. 이때 그들은 금관을 필두로 북방 초원계통의 다양한 위신재로써 이데올로기를 공고히 하고 왕족을 신격화했다.

　신라의 북방계 문화 요소는 적석목곽분과 함께 황금을 들 수 있다. 금관에 표현된 녹각, 세계수 등의 이미지가 아프가니스탄의 틸리야-테페, 흑해 연안의 호흘라치(khokhlach) 고분 등 유라시아 초원의 주변 지역에서 널리 분포함은 주지의 사실이다(그림 4-12). 하지만 이러한 유사성이 있음에도 유라시아 각지의 다양한 문화 요소와 결합되었고, 세부 기법에서도 차이가 있기 때문에 일방적 전파론으로 해석할 수 없다. 그렇다고 서로 무관하게 독자적으로 발달했다는 자생론 또한 성립하기 어렵기 때문에 금관의 기원에 관해서는 심도 있는 연구를 찾아보기 어려웠다. 그 대신에 금관 세부의 형식적 특징에 집중하는 기존 한국 연구에서 탈피하여 유라시아 전역으로 확산되는 초원의 황금 문화와 각 지역의 변용이라는 점에 주목하여 문제에 접근해 본다면 사뭇 다른 해석이 가능하다. 신라의 금관처럼 지배계급(최고위계층)이 자신을 황금으로 장식하는 풍습은 멀리는 사카 문화 그리고 흉노의 제천금인에서 찾아볼 수 있다. 그리고 초원의 황금 인간 전통은 유라시아 전역의 정착 국가로 확산되며 지배계급의 제사 독점으로 이어져 금관의 사용으로 바뀌었다고 보았다.

　흉노로 대표되는 유목민의 황금을 매개로 하는 종교와 제사

① 흑해 연안 사르마티아 고분 출토
금관(예르미타시박물관 전시) ② 틸리야-테페
금관 ③ 시베리아 샤먼의 관 (러시아과학원
시베리아분소 고고민족학연구소 박물관
전시) ④ 19세기 말 만주족 샤먼의
관(랴오닝성박물관원 전시)

의 풍습이 주변 지역으로 확산되면서 영향을 미치는 시기에 동아시아에서 그것을 적극적으로 받아들인 것은 신라였다. 신라의 고대국가 성장 과정에서 지배 집단이 금관으로써 선민의식을 공고히 하고 그것을 김씨의 선민의식으로 연결해 지배 체계를 강화하려 한 결과다.

이와 같이 신라 금관의 등장은 '사카 문화의 황금 인간 풍습 →중국 북방 흉노의 제천금인 풍습 → 신라 김씨의 황금을 매개로 하는 이데올로기의 성립과 금관의 차용'이라는 3단계 과정으로 설명할 수 있다. 최고위층이 금관으로 머리를 장식하는 특징은 삼국에서 공통으로 나타난다. 하지만 유독 신라에서는 초원 계통을 도입했다. 신라는 마립간 시기 고대국가를 성립하는 과정에서 적석목곽분, 서역계 유물 등을 도입함으로써 자신만의 지배 이데올로기와 권력을 강화했다. 내물마립간 시기에 김씨 세습을 공고히 하면서 본격적으로 적석목곽분을 축조했고 각종 북방계 문물이 증가했다. 한편, 휴도왕의 후예인 김일제(金日磾)가 한(漢)나라에 들어와 활동하면서 성을 '金'으로 했다. 이러한 사실은 금인 숭배(金人崇拜)와도 관련이 있으리라는 점에서 많은 점을 시사한다.[35] 황금 인간을 숭배하는 김일제가 성을 김씨로 했음은 북방계 요소가 많은 금관으로 내물마립간의 김씨 계승을 공고히 하고자 황금 인간 사상이 도입되었을 가능성을 제기한

다. 즉, 그들은 황금의 성 김씨로 자신들의 선민의식을 발현하고
자 했고 금관은 그러한 과정에서 등장한 산물이라고 볼 수 있다.
나아가서 신라의 김씨가 자신을 김일제의 후손으로 자처했던 부
분도 김씨 세습에 따른 새로운 이데올로기를 북방 계통이라는
선민의식으로 확립하고자 했다고 생각한다. 이렇듯 신라의 금관
은 적석목곽분과 함께 기마민족설 또는 자생설이라는 전파론만
으로는 설명할 수 없다. 유라시아 초원 지역의 정세 변화와 신라
의 내적 성장, 확산되는 유라시아 네트워크가 조합되어서 만들
어진 결과다.

5

# 황금,
# 아름다움을 둘러싼
# 빛과 그림자

화려한 황금이 주는 이미지는 시대를 초월해서 사람들을 압도하고 유물로서 문화재가 되기도 한다. 그래서 황금 유물 발굴은 그 자체만으로도 당시 상황을 매우 민감하게 반영한다. 황금은 단순한 유물에 그치지 않기 때문에 주요한 발굴과 그 이면에 숨은 제국주의의 발흥 그리고 국가 간 다툼을 몇 가지 예를 통해서 보겠다.

# 세계대전의 전리품이 된
##   트로이의
# 황금 유물

일반인들이 고고학자라고 하면 가장 먼저 하인리히 슐리만과 그의 트로이 발굴을 떠올리는 경우가 많다. 슐리만은 어렸을 적부터 호메로스의 시《일리아드》를 읽고 그것을 증명하리라 생각하고 사업에서 은퇴한 이후 히사를리크 언덕에서 실제로 트로이의 흔적을 발견한 일로 유명하다. 그런데 고고학계에서는 그의 발굴을 가장 잘못된 예로 기억한다. 왜냐하면 슐리만은 역사 기록을 증명하겠다는 의욕만 앞서서 다른 시대의 유물을 트로이 유물로 간주하는 치명적 실수를 했기 때문이다.

　그가 '프리아모스의 황금'이라고 부른 대발견은 사실 트로이가 있었던 시절보다 1000년 정도 빠르다. 트로이 유적은 사람들이 수천 년간 살면서 층층이 거대한 언덕을 이룬 테페(진흙 언덕)다. 건조한 중앙아시아와 근동 지역에서는 1만 년 전부터 사람들이 뜨거운 열기를 막을 수 있는 진흙 벽돌로 집을 짓고 살았다. 그리고 집을 다시 지을 때가 되면 그냥 집을 무너뜨리고 그 위에 다시 집을 짓는다. 이런 건축과 재건축이 반복되면 결국 수십 미터의 진흙 언덕을 이루는 테페가 된다. 트로이의 언덕도 수천 년의 지층이 쌓인 테페이기 때문에 세심하게 주의해서 발굴해야 한다. 하지만 슐리만은 오로지 황금을 발견하려 정작 트로이가 있었던 지층을 파고 더 깊숙이 내려갔다. 슐리만은 오매불망 기다린 황금 유물이 나오자 트로이의 비밀이 규명되었다고 대대적으로 알렸다. 무척 아이러니하게도 슐리만은 프리기아의 황금을 찾기 위해서 트로이 문화층을 파괴했다. 그가 실제로 발굴한 황금은 트로이보다 약 1000년 정도 앞서는 시기의 유물이었기 때문이다.

또한 슐리만은 이후 황금 유물을 사유화하면서 논란을 불러일으켰다. 트로이 하면 자주 소개되는 황금을 착용한 그의 부인 사진이 황금 유물의 사유화를 잘 보여 준다. 슐리만은 황금이 나오자 서둘러서 인부들을 보내고 부인과 둘이서 몰래 황금을 파냈다고 한다. 이렇게 현지 사람들을 도구화하는 것도 문제고, 무엇보다 잘 휘고 망가지기 쉬운 황금 유물을 임의로 착용하면 심각하게 변형될 수 있기 때문에 고고학자라면 절대 해서는 안 되는 행동이다. 이러한 이유로 그의 발견은 고고학자들 사이에서 심각한 논란거리였고, 그 모든 일의 중심에는 화려한 황금이 있었다.

## 2차 대전 중 사라진 트로이의 황금

정작 하인리히 슐리만은 트로이 황금의 논란이 본격적으로 일어나기 전에 세상을 떴고, 그가 발굴한 황금 유물 대부분은 독일 베를린박물관에 소장되었다. 사실 그가 발굴한 땅은 엄연히 오스만 튀르크 제국의 영토였지만 제국주의 시절 많은 발굴이 그렇듯이 다양한 이유로 독일 수중에 들어가게 되었다. 그리고 1945년에 히틀러가 건설한 나치 정권이 붕괴되며 트로이 황금도 함께 실종되었다. 당시 독일 베를린박물관은 연합군의 폭격으로 실크로드 유물을 포함해서 3분의 1 정도 유물이 유실되었다. 그리고 트로이의 황금도 그 와중에 없어진 터라 폭격에 사라졌다고 생각했다.

그런데 소련이 망하고 러시아가 들어선 후에 트로이의 황금은 엉뚱하게도 러시아 푸시킨박물관에 소장되었음이 밝혀졌다. 사정인즉 히틀러의 패망이 눈앞에 다가오자 소련은 전리품 연대(Russian Alos)를 창설하여 독일군의 핵무기, 첨단무기들을 징발하고 문화재들도 소련으로 실어 나르기 시작했다. 처음 문화재 약탈과 파괴를 시작한 쪽은 독일이었다. 독일군은 러시아를 침공하면서 위대한 아리안족의 유물이 아니라면 파괴해야 한다는 명분으로 문화재와 건축물들에 엄청나게 손상을 입혔다. 이후 반대로 소련이 독일에 반격하며 소련 정부는 '손해 보상'의 차원에서 독일의 박물관에서 귀중품들을 소련으로 가져오기로 결정했다. 전쟁 중에 일어난 피장파장의 상황이라고 생각할지 모르겠지만, 문제는 이때 얼마나 많은 문화재가 손상되거나 옮겨졌는지 정확히 알 수 없다는 데 있다. 사실 미군도 트로이의 황금을 목표로 특공대를 파견했지만 찾을 수 없었다. 소련군에게 선수를 빼앗긴 것이다.

패망을 앞둔 독일의 고고학자 빌헬름 운페어차크트(Wilhelm Unverzagt)는 주요 예술품이 보관된 동물원 대공포탑(Zoo Flak tower)에서 트로이의 황금을 비롯한 보물들을 끌어안고 지키고 있었다. 그의 건물을 먼저 접수한 쪽은 소련군이었다. 그는 모든 보물의 안전을 약속받고 유물 상자를 넘겼다. 그리고 유물들은 비밀리에 푸시킨박물관으로 이송되었다. 전쟁 중에 소련이 가져간 유물들은 소재를 극비에 부친 채 비밀리에 박물관에 보관되었다가 1990년대가 되어서야 존재가 알려졌다(그림 5-1).[1]

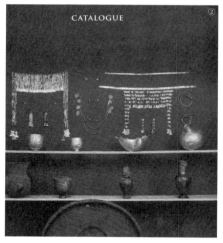

그림 5-1. 전쟁 중에 약탈된 문화재
① 푸시킨박물관의 트로이 유물과 그 도록(②③)

## 트로이 황금 유물의 귀속

어처구니없는 이 황금 쟁탈전의 내막이 알려지고 나면 유물 반환을 요구하는 소동이 일어날 법하다. 하지만 아직까지 별다른 움직임은 없다. 만약 러시아에 트로이 황금 반환을 요구하려면 서유럽의 여러 나라도 이집트 미라를 비롯하여 수많은 세계의 보물을 반환해야 한다는 논란에 휩싸일 수 있기 때문이다. 독일도 모스크바를 비롯하여 소련 일대에서 폭격으로 파괴하고 탈취한 문화재에 대해 보상해야 한다. 심지어 트로이의 황금이 독일에 있는 것 자체가 논란의 여지가 많다. 슐리만도 트로이의 황금을 오스만 튀르크의 땅에서 정당한 절차를 거치지 않고 독일로 가져왔기 때문이다. 피차 떳떳하지 못한 상황이었고, 결국 1996년 트로이의 황금이 일반에 공개되었다.[2]

슐리만이 발굴한 황금 유물은 트로이의 것이 아니었다. 그리고 그가 트로이 시대의 문화층도 포함하여 발굴했지만, 실제 트로이전쟁을 증명할 만한 유물은 없다. 트로이전쟁이 있었을 것으로 추정되는 시기의 유물이 곧바로 트로이전쟁 자체를 증명하지는 못하기 때문이다. 물론 슐리만의 트로이 발굴은 화려한 황금과 함께 신화 시대로만 생각했던 트로이 문명의 존재를 밝혔다는 점에서 세계 고고학사에서 가진 의의는 결코 작지 않다. 하지만 실제 유물의 처리와 귀속 그리고 2차 대전 이후의 행방을 볼 때 트로이의 황금은 단순한 역사적 사건의 발견을 넘어서 19세기 말부터 냉전 시대까지 이어진, 유럽을 중심으로 하는 황금 문화재 침탈의 대표적 예라는 점 역시 빼놓을 수 없다.

# 카자흐스탄의
## 국가 상징이 된
# 황금 인간

## 한 고고학자의 고집이 만들어 낸 위대한 발견

이시크 고분군에서 발굴된 황금 인간 무덤은 카자흐스탄을 대표하는 상징이다. 신라에 천마총이 있다면 카자흐스탄에는 황금 인간이 나온 이시크 고분이 있다고 해도 과언이 아니다.

이시크 고분도 우연하게 조사된 도굴이 안 된 유일무이한 사카 문화의 무덤이다. '뜨거운'이라는 튀르크어에서 기원한 이름인 '이시크'는 그 근처를 흐르는 이시크강에서 유래했다. 이시크 고분군은 알마티에서 동북쪽으로 50킬로미터 떨어진 지점에 있으며 전체 고분군의 면적은 약 3제곱킬로미터에 달한다. 황금 인간의 무덤이 발굴된 직후에 현재 이시크고분박물관이 건립되고 전체 고분군을 보존해서 80여 기의 고분군을 국보로 보존하고 있다.

이시크 고분 발굴도 처음에는 대수롭지 않은 발굴 조사에서 시작되었다. 1969년 4월에 이시크에 자동차 공장을 만들기 위해서 공사 구역에 들어가는 고분을 구제 발굴해 달라는 요청이 접수되었다. 고분은 이미 상당히 파괴되어 있었기 때문에 당시에는 사실상 고분이 도굴되었다고 판단하는 게 당연했다. 따라서 고고학연구소 소장은 간단하게 조사하기로 결정했고, 고분을 보존할 필요성을 느끼지 못한 고고학자들은 지역 주민들의 민원도 있었으니 그냥 공사를 허가할 생각이었다.

그러나 이때 파견된 젊은 고고학자 누르무한베토프는 고분에 남아 있는 무덤의 흔적을 찾아서 고민했고 파괴된 고분 조사를 고집했다. 그리고 그 결과 예상치도 못한 도굴되지 않은 황금 인간의 무덤이 출토되었다. 이 황금 인간은 중심에 있는 무덤 주인 옆에 함께 배장된 신하급 전사로 추정된다. 고대 도굴꾼들도 이 부곽의 존재는 모르고 그냥 지나친 듯했다. 누르무한베토프는 일반인들로서는 상상할 수 없는 꼼꼼함과 치밀함으로 유적을 살폈고, 마지막까지 발굴을 담당했다. 그는 발굴 중에 황금 인간 몸 주변에서 발견된 4000점에 이르는 자잘한 황금 유물을 일일이 기록하고 원형대로 발굴했다. 지금 황금 인간의 복원도 및 모형들은 카자흐스탄 전역에서 쉽게 볼 수 있다. 이런 복원도가 가능했던 이유는 현장에서 수천 점의 황금 유물을 일일이 자세하게 기록했기 때문이다.

## 카자흐스탄 대통령의 유훈

소련 시절에 발굴되었던 이시크 고분은 1992년 카자흐스탄의 독립 이후 신생 국가의 역사와 정체성을 대표하는 상징으로 등장했다. 지금 카자흐스탄의 국장으로 쓰이는 그리핀 문양이 바로 이시크 고분에서 발굴된 황금 유물을 형상화했다(그림 5-2).

또한 카자흐스탄은 황금 인간 전시회를 세계적으로 유치하며 사카 문화에서 시작되는 자국의 역사를 널리 홍보했다. 2018년에는 한국 국립중앙박물관에서 〈황금 인간의 땅, 카자흐스탄〉 전시를 했다. 이때 카자흐스탄 측은 전시회 대관료를 별도로 요구하지 않는 대신에 전시회 포맷은 자신들이 기획하는 조건을 제시했다. 카자흐스탄의 문화적 수준을 세계적으로 알리기 위한 전시회이기 때문이다. 실제 이 전시회는 일본, 중국, 러시아, 터키 등 세계 다양한 곳에서 개최되었다. 바로 스키타이 황금 문화의 종주국이 카자흐스탄이며, 진정한 초원 문명의 출발점임을 세계에 알리고자 했다.

또한 2018년 10월에는 카자흐스탄이 독립한 이후 약 30년간 통치한 초대 대통령 나자르바예프가 권력 이양을 목전에 두고

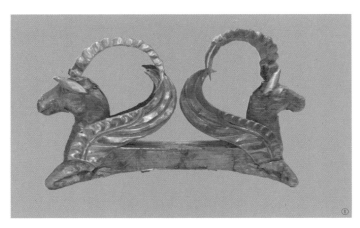

그림 5-2. 이시크 출토 산양 장식(①)과 그에 기반해서 만들어진 카자흐스탄의 국장(②)
국립중앙박물관 전시회 포스터(③)와 문화재연구소 도록(④)

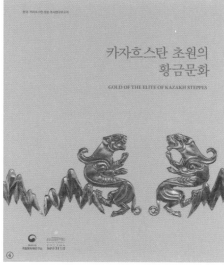

'위대한 초원의 일곱 가지 주제'라는 글을 공표하는데, 카자흐스탄이 국가적 차원에서 반드시 연구해야 할 일곱 가지 역사 주제를 열거했다. 그중에는 당연히 '황금 인간'을 포함한 유목민의 문화도 포함되었다. 퇴임 후를 대비한 유훈인 셈이다. 한 국가의 대통령이 권좌에서 물러나면서 신경 쓸 일이 많을 텐데 하필 나라의 고대사를 연구하라는 지침을 내린다니 선뜻 이해하기 어려운 일이다.

하지만 그 배경에는 스키타이 황금 문화를 앞세워서 신생 국가인 카자흐스탄이 유라시아를 대표하는 나라로 자리매김하려는 의도가 있었다. 사실 중앙아시아 실크로드의 중심은 전통적으로 히바-사마르칸트-타슈켄트를 연결하는 우즈베키스탄이었다. 그리고 소련이 되면서 주도권은 러시아가 가져갔다. 이제 그 헤게모니를 카자흐스탄이 가져오려는 것이다. 바로 이시크 고분에서 출토된 화려한 황금 인간은 과거의 유물이 아니라, 카자흐스탄의 찬란한 미래를 상징한다. 그리고 카자흐스탄의 황금 유물은 한국을 비롯하여 전 세계를 순회하며 '황금의 나라' 카자흐스탄을 널리 알렸다.[3] 화려한 고대의 황금이 현대 국가의 정체성을 규정할 수도 있다는 좋은 예다.

# 키르기스스탄의 상징이 된
## 황금 마스크의
# 여성 샤먼

카자흐스탄의 남쪽 톈산산맥에 위치한 키르기스스탄은 한반도 만 한 크기의 영토 대부분이 산악 지역인 비교적 작은 나라다. 하지만 화려한 유라시아의 황금 문화는 이 나라에서도 찬란하게 꽃피웠다. 민족 대이동 시기 훈족의 발달된 황금 문화가 유라시 아 전역에 확산되었다. 화려한 보석을 박아 넣은 상감 기법으로 만든 황금 유물은 이전에는 볼 수 없었던 강렬한 예술적 흔적을 남겼다. 그리고 이러한 훈족의 황금 예술은 각지에 확산된 샤머 니즘과 결합되어서 금관(신라와 흑해)과 황금 마스크(중앙아시아와 티베트)로 이어졌다.

그중 황금 마스크 전통은 훈족 황금 문화의 영향을 받은 중앙 아시아, 티베트, 중국 신장성 등 실크로드 일대에서 널리 발견되 는데, 키르기스스탄의 호수인 이시크쿨 서쪽의 샴시에서 발견 된 황금 마스크가 유명하다. 이 유물은 키르기스스탄 토크마크

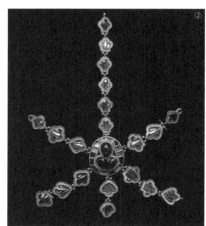

그림 5-3. 샴시 출토 마스크와 황금 유물(키르기스스탄 국가역사박물관 소장)
① 머리 장식 ② 메달리온 ③ 귀걸이 장식

에서 멀지 않은 추이강 계곡의 샴시라는 마을 근처에서 1958년에 농부가 밭을 갈다가 우연히 황금 유물 150여 개를 발견하면서 알려졌다. 고고학자가 현장에 도착했을 때는 이미 유적이 파괴된 이후라 정확한 상황은 알 수 없지만, 대체로 서기 5~6세기 '민족의 대이동 시기'에 이 지역에서 살던 오손 집단의 여사제를 묻은 무덤으로 추정된다. 유물은 대부분 황금으로 만들어졌으며 1983년 전시회에서 황금 마스크와 함께 140여 점이 공개됐다. 대표적 유물인 황금 마스크(그림 2-10-3; 그림 5-3)를 비롯해서 누금세공 기법으로 보석을 박아 넣은 화려한 훈족 시대 황금 유물의 정수를 보여 준다.

이 황금 마스크는 눈은 보석으로 장식하고 코나 입도 막혀 있어서 산 사람은 쓸 수 없으니 매장용으로 만든 데스마스크다. 황금 마스크와 대비되는 금관의 전통은 신라, 아프가니스탄, 흑해 연안의 크림반도 일대에서 발견된다. 신라 황남대총에서는 여성이 매장된 북분에서 금관이 나왔으며, 아프가니스탄의 틸리야-테페에서도 여성의 무덤에서 신라 금관과 거의 흡사한 금관이 나왔다. 게다가 마스크의 표면에 새겨진 세계수를 상징하는 나무 장식은 금관에서도 나타나는 주요한 모티브다. 즉, 수천 킬로미터 떨어져 있지만 비슷한 황금 가공 기술과 종교관을 도입하면서 유라시아 각지에는 비슷한 황금 문화가 널리 퍼졌다.

## 황금 마스크의 여성 샤먼

이 샤먼이 살던 당시 이 지역 사람들은 흔히 '오손'이라는 유목민으로 비정된다. 전통적으로 유목사회는 부계제 사회로 상대적으로 지위가 낮은 여성들은 고분을 거의 남기지 않았다. 그렇다면 왜 이 여성은 화려한 금관과 유물을 가지고 있을까. 샴시 마스크에 새겨진 세 그루의 나무 장식에  실마리가 있다. 이 나무 장식은 신라에서 흑해 연안에 이르는 이 시대 금관에서 공통적으로 나타난다. 또한 최근까지도 시베리아의 샤먼들은 나무 모양의 관을 쓰고 의식을 했으니, 유라시아의 제례를 대표하는 장식이다. 나무는 땅에서 자라 하늘로 향하니, 바로 하늘과 땅을 이어주는 샤먼을 상징한다. 즉, 샴시 마스크를 쓴 여인은 샴시 고원 지역의 유목민족들을 다스리던 여왕이거나 신통력이 있는 여사제임을 의미한다(그림 4-11 복원도 참고).

샴시 유적에서 발견된 머리 장식을 보면 살아 생전에 이 마스크의 주인공은 머리에 샤먼의 발을 늘어뜨린 관을 썼던 것 같다. 비슷한 형태의 샤먼관은 지금도 시베리아 일대에서 널리 쓰이고 있다. 한편 황금 마스크는 눈, 코, 입이 뚫려 있지 않기 때문에 죽은 이후에 그 얼굴을 덮었던 일종의 데스마스크였다. 이러한 황금으로 만든 데스마스크의 전통은 키르기스스탄에서 동남쪽으로 히말라야 고원의 티베트, 중국 신장성 일리 지역, 그리고 멀게는 동남아시아의 자바섬에서도 확인된다. 이 황금 마스크의 전통은 금관의 전통과 좋은 비교가 된다. 즉, 민족 대이동 시기 흉노-훈족 황금 문화의 전통은 크게 금관과 마스크로 세분됨을 의미한다.

샴시의 황금 마스크와 여사제는 정식으로 보고되지 않고 유물로만 소개되다가 1990년대 이후 키르기스스탄이 독립하면서 신생 국가의 대표적 보물이 되었다. 키르기스스탄을 대표하는 비슈케크박물관의 특별실에 이 황금 마스크와 관련 유물들이 전시되어 있다. 하지만 특별전이 있을 때만 공개될 뿐, 특별실에는 금줄을 쳐서 경비가 지키며 참관을 막고 있다. 지금의 키르기스족은 대체로 서기 7세기 이후에 시베리아에서 알타이산맥과 텐산산맥을 따라서 남하한 사람들이다. 즉, 샴시의 황금 유물과 직접적 연관성은 없는 셈이다. 그럼에도 그 화려한 황금 유물은 키르기스스탄의 상징이 되고 있다.

# 옥수스 보물(타흐티-쿠와드)을
## 둘러싼
# 논쟁

본고에서 주로 다룬 스키타이와 사카, 흉노 시대 등의 유물은 대부분 러시아를 비롯한 구소련 지역에서 수장하고 있기 때문에 서방에는 거의 없다. 서방에서 소장하는 가장 유명한 컬렉션은 '옥수스 보물'로 알려진 '타흐티-쿠와드' 유적의 유물로, 영국박물관(The British Museum)에서 전시 중이다. 이 유물은 그 명성만큼 입수 과정이나 성격에 애매한 점이 많아서 지금도 논쟁이 이어지고 있다.

## 그레이트 게임 속에 발견된 유물

이 유물은 통칭해서 '옥수스 보물' 또는 '아무다리야 퇴장유적'으로 불린다. 이 유물은 대체로 1876~1880년경에 코칸트 칸국이 멸망하고 이 지역의 패권이 러시아로 넘어가던 시절에 우연히 발견되었다고 알려졌다. 당시 이 지역을 두고 러시아와 영국의 그레이트 게임은 극에 달했다. 양국 모두 유물의 존재를 알고 있었지만 발견 직후 몇 번의 과정을 거친 후에 결국 영국인의 손에 넘어갔다. 공식적으로는 장교 버턴(F.C. Burton, 1845~1931)이 도적 떼를 만난 현지 상인을 구해주었는데, 그들의 물건 속에서 이 황금 유물을 발견하여 입수했다고 되어 있다. 이후 그는 영국박물관에 당시 천 파운드라는 거액을 받고 유물을 팔았고, 이에 따라 유물은 1896년부터 영국박물관에 귀속되었다. 이 유물은 영국박물관의 큐레이터 돌턴(O.M. Dalton)이 1905년에 《The treasures of the Oxus》라는 도록을 발간하면서 세계적으로 널리 알려지게 되었다. 특히 유물이 발견된 트란스옥시아나[4] 지역은 소련과 러시아에 편입되었고 냉전으로 이 지역 자료를 접하기 어려웠기 때문에 지난 120여 년간 옥수스 보물은 트란스옥시아나 지역에서 발견된 사카의 황금을 대표하는 유물로 자리매김해 왔다.

본래 이 옥수스 유물은 발견 당시는 수천 점이었지만 상당수는 녹아 금괴로 만들어지거나 여러 곳으로 흩어져 잃어버렸다. 지금 영국박물관에는 180여 점의 황금 유물과 1000점이 넘는 다양한 시대의 화폐만 남아 있다(그림 5-4). 남은 유물들은 고깔모자를 쓴 사카인과 사카 동물 장식이 페르시아 계통의 예술 양식과 잘 조화된 명품들이다.

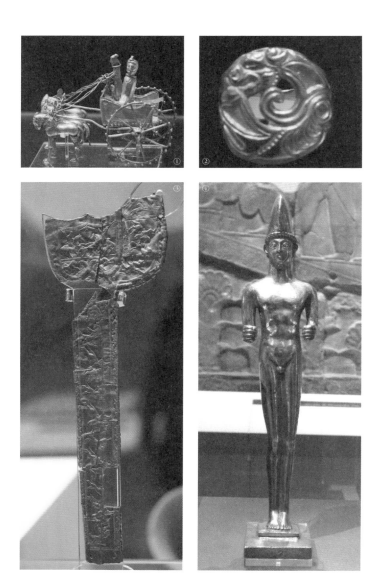

그림 5-4. 영국박물관에서 전시 중인 옥수스 보물
① 황금 마차 ② 굴신문 ③ 금제 칼집 ④ 신상

## 실제 발견 위치를 둘러싼 논란

영국 측의 공식적 설명은 실제 발굴된 지역은 잘 모르며 현지의 도적 떼로부터 황금 유물을 구해서 영국으로 옮겼다고 되어 있다. 하지만 이후 진행된 다양한 조사에 따르면 현재의 타지키스탄 경내에 위치한 타흐티-쿠와드(Takht-i Kuwad)의 고대 유적임이 확실하다. 실제로 이 고대 성터 유적에서 다양한 황금 유물이 나온다는 사실은 러시아에서도 일찍이 알고 있었다. 1880년에 러시아 장교의 이름으로 발표된 글에서도 이 유물에 관한 언급이 등장한다. 즉, 타흐티-쿠와드에서 일찍이 황금 유물이 나오는 유적이 있어서 그 보물들을 인도의 상인들한테 팔곤 했다고 한다. 고대의 거대한 성터인 타흐티-쿠와드에서 보물이 나온다는 소문이 있어서 일찍이 현지인들이 집중적으로 도굴했다는 뜻이다. 1950년대 이후 타지키스탄이 소련의 일부였던 시기 타지키스탄의 고고학자들은 타흐티-쿠와드 근처의 타흐티-산긴(Takht-i Sangin)을 다년간 발굴하고 옥수스 보물과 비슷한 양식의 유물을 다수 발견해서 실제로는 '옥수스 보물'이 아니라 타흐티 산긴 유적에서 출토되었다고 주장했다. 그리고 1999년에 유네스코 잠정 목록으로 타흐티 산긴 유적을 등재하는 주요한 근거가 되기도 했다. 하지만 타흐티-산긴 유적은 타흐티-쿠와드의 남쪽 5킬로미터 정도에 위치한 다른 유적이라는 주장도 만만치 않다.

사실 이러한 발견 위치에 관한 논쟁은 쉽게 해결될 수 없다. 왜냐하면 이 옥수스 보물에 속하는 수천 점이나 되는 황금 유물은 다양한 시기와 용도의 유물이 한데 뒤섞인 채 발견되었기 때문이다. 실제 옥수스 보물 중 다수를 차지하는 금화 수천 점은 이미 금괴를 만들기 위해서 녹이는 바람에 사라졌다. 그리고 남아 있는 유물도 기원전 6~3세기의 약 200~300년에 걸친 것이다. 게다가 영국박물관뿐 아니라 일본 미호박물관(Miho Museum)의 소장품도 옥수스 보물이 유력하다는 주장이 대두된다. 이처럼 옥수스 보물은 수백 년에 걸친 다양한 유물이 모인 것이기 때문에 조로아스터교 사원에 수백 년간 공헌된 황금 유물을 한데 모은 것이라든가 알렉산더 제왕의 부인 록사나의 아버지인 이 지역의 사트라프가 모은 것이라는 주장도 대두된다. 아쉽게도 정확한 사실을 밝힐 수 있는 근거는 더 이상 없다. 여러 정황을 종합하면 옥수스 보물은 단일한 유적에서 나왔다기보다 타흐티-쿠와드 일대의 여러 지역에서 발견된 황금 유물을 통칭했을 가능성이 더 높다.

## 유물의 귀속을 둘러싼 논쟁

트란스옥시아나의 대표적 유물인 '옥수스 보물'의 실제 성격에 관한 논란은 쉽게 해결되기 어렵다. 다만 타지키스탄을 중심으로 중앙아시아에서 페르시아 아케메네스 계통의 영향을 받은 황금 예술이 존재했다는 학사적 가치로서 의의를 지닌다.

하지만 옥수스 보물은 이 지역을 대표하는 상징적 위치 때문에 귀속 및 반환 논쟁에 휘말리게 되었다. 영국박물관에 유입된 경위는 추상적이어서 명확하지 않다. 발견 지역은 현재는 타지키스탄, 우즈베키스탄, 아프가니스탄, 파키스탄 등의 국경 사이에 위치하는데, 당시에는 코칸트 칸국이 멸망하면서 아프가니스탄 에미리트에 속해 있었다. 뒤에 설명할 틸리야-테페와 함께 영국을 중심으로 하는 서방과 러시아가 그레이트 게임 이후 냉전 시절에도 가장 첨예하게 대립하던 지역이었다. 다행히 냉전 시절에는 이 유물을 두고 논란이 벌어지지 않았다. 반대로 1979년에는 영국에 있는 유물이 예르미타시박물관에서 순회 전시회를 할 정도였다. 이것은 소련의 스키타이 황금 유물의 순회 전시회에 맞추어서 이루어진 호혜적 전시회로 양국은 대립 대신에 화해를 위한 도구로 황금 유물을 사용했다.

논쟁은 1991년에 타지키스탄이 독립하면서 본격화되었다.

타지키스탄은 옥수스 보물을 비롯하여 박트리아 문명과 페르시아에서 소그드로 이어지는 역사를 자신들의 정통성으로 보고 이 유물의 귀속을 주장했다. 2007년 4월 타지키스탄의 대통령 에모말리 라흐몬은 '타흐티 산긴' 유적을 방문하여 자국의 학자들에게 옥수스 보물의 반환을 위한 조치를 명령했고 재영 타지키스탄 대사관을 통하여 정식으로 반환을 시도했다. 하지만 영국 측에서 돌려줄 리는 없었으며, 대신에 대표 유물의 복제품 다섯 점을 타지키스탄 국립박물관에 전시하는 것으로 마무리 지었다. 수많은 나라의 보물을 소장한 영국에서 타지키스탄과 같은 소국의 요청에 귀를 기울일 가능성은 거의 없다. 대신 타지키스탄은 대외적으로 자신의 유물이 불법 반출되었음을 알리는 홍보 효과를 노린 것이다. 중앙아시아의 지정학적 중요성이 강조되고 있는 것을 감안하면 옥수스 보물에 관한 논쟁은 이제 시작이라 할 수 있다.

# 아프가니스탄 사태와 틸리야-테페의 황금

틸리야-테페(우즈베크어로 황금의 언덕)은 세베르간(또는 시베르간)이라고 불리는 아프가니스탄 북부의 도시 근처에 위치한다. 당시 소련-아프가니스탄 발굴단은 조로아스터교의 사원 흔적을 조사하고 있었다. 그런데 사원의 상층부에서 예상치 않게 황금을 화려하게 부장한 무덤 일곱 개가 발견되면서 알려졌다. 1978년 11월부터 1979년 2월까지 여섯 개의 무덤이 발굴되었다. 무덤의 주인은 한 명을 제외하고 모두 여성인데, 나이대는 10대 후반 ~40대다. 무덤별로 황금 장식의 차이는 다소 있지만, 이것은 틸리야-테페의 다문화성에 따른 결과다.

이 유적의 연대는 대체로 기원후 1세기로 본다. 여기에서는 다양한 로마의 화폐가 발견되었는데, 가장 늦은 연대는 3호 묘에서 출토된 로마 황제 티베리우스(Tiberius Julius, 재위 14~37년)의 화폐였다. 한편, 쿠산왕조에서는 카드피세스(Vima Kadphises) 시기에 기존 화폐 대신에 금본위제에 기반한 화폐 개혁을 단행한다. 카드피세스왕은 105~127년에 재위했으므로, 틸리야-테페의 무덤이 마지막으로 축조된 시기는 서기 1세기 중후반이 된다. 그리고 무덤들의 연대에 큰 차이가 없으니 다른 여섯 개의 무덤도 비슷한 시기가 된다.

틸리야-테페의 금관은 화려함은 물론이요, 신라의 금관과 유사한 유물이 수천 킬로미터나 떨어진 아프가니스탄에서 발견되었다는 사실에 두 번 놀란다. 이 유물은 약 2000년 전 아프가니스탄 북부에 살던 월지 또는 박트리아 왕국의 왕자나 제사장들의 무덤에서 발견되었다. 남자 신관 한 명과 여성 사제 다섯 명의 무덤이 발견되었고, 모두 황금으로 뒤덮인 상태였다. 금관은 여 사제 중 한 명이 쓰고 있었다.[5] 그런데 이 금관을 쓴 여 사제는 편두를 하고 있었다. 즉, 이 금관을 쓴 사람은 어렸을 적부터 금관을 쓸 사람으로 선택받았던 무녀나 제사장이었을 것이다.

이 예상치 못했던 발견은 1978년 11월 15일에 빅토르 사리아니디(V. Sarianidi)가 지휘하는 소련-아프가니스탄 합동발굴대에 의해 일어났다. 곧 눈이 내리고 차가운 겨울이 닥쳐올 때였다. 어떤 아프가니스탄 인부의 삽 끝에 무덤의 해골이 발견되었다. 그런데 자세히 살펴보니 해골 근처에는 황금 장식이 반짝이고 있었다. 곧 황금이 발견되었다는 소문을 듣고 몰려드는 수천 명의 인파와 유물을 훔치다 발각된 현지 직원들, 여기에 내전 직전의 혼란한 아프가니스탄 상황이 겹쳐서 발굴은커녕 발굴단원들의 목숨마저 보장할 수 없는 상황이었다. 하지만 모든 어려운 상황에도 사리아니디는 발굴을 결정했다. 내일을 예측할 수 없는 아프가니스탄의 상황에서 황금이 발견되었다는 사실이 알려졌는데 그냥 철수한다면 모두 도굴되고 파괴될 것이 뻔했기 때문이다. 이 발굴 직후 아프가니스탄은 극심한 내란에 휩싸였으니, 그의 판단은 구사일생으로 유물을 살린 셈이다(그림 5-5).

그렇게 한겨울 3개월간 동상의 위험을 무릅쓴 채 발굴했고, 내전으로 혼란스러운 카불까지 우여곡절 끝에 안전하게 수송할 수 있었다.[6] 2만 2000점에 달하는 황금 유물은 하나도 손실되지 않고 카불로 옮겨졌고, 숨 가쁜 틸리야-테페 발굴은 마침내 마침표를 찍었다. 그리고 러시아의 고고학자들은 유물을 본국으로 옮겨 갔던 서유럽의 여러 나라와 달리 틸리야-테페의 유물을 조건 없이 모두 아프가니스탄에 주었다. 문화재 속지주의를 지켰다는 점에서 모범적 사례였지만 이후 이 황금 유물은 급박한 아프가니스탄의 정세에 따라 우여곡절을 겪어야 했다.

그림 5-5. 틸리야-테페 출토 황금 유물(①), 발굴 장면(②), 2011년의 빅토르
사리아니디(사진에서 오른쪽, ③)

## 사라져 버린 황금

러시아 학자들이 발굴한 2만 2000점의 황금 유물이 카불에 도착한 이후 본격적으로 황금 유물을 둘러싼 25년간 숨바꼭질이 시작되었다. 틸리야-테페 유물이 카불 박물관으로 옮겨진 직후에 아프가니스탄은 전란에 휩싸였다. 미국의 지원을 등에 업고 친소 세력을 물리친 탈레반은 정권을 잡자 극도의 이슬람원리주의를 내세우며 사회를 통제했고, 많은 고대 유물도 이때 사라졌다. 심지어 탈레반은 우상이라는 이유로 바미안 석굴도 공개적으로 폭파하는 만행을 저질렀다. 이런 상황이니 틸리야-테페의 황금 유물도 행방을 전혀 알 수 없는 게 당연했다.

2000년대에 들어서서 탈레반이 축출되고 친서방 정권이 아프가니스탄에 들어서면서 틸리야-테페 황금 유물의 소재 파악에 나섰다. 그리고 2003년에 카불 중앙은행의 창고에서 황금 유물들이 다시 발견되었다. 여러 상황을 감안하면 틸리야-테페 출토품인 것 같았지만 어떤 표시도 없이 따로따로 분리된 채 포장되어 있는지라 누구도 확신할 수 없었다. 이 상황이 되어서야 아프가니스탄 관계자는 원래 발굴자였던 사리아니디를 수소문했다. 사리아니디는 자신이 발굴한 황금 유물과 재회한 자리에서 더 이상 유물이 사라지는 아픔을 겪지 않길 바란다며 자기가 보관 중이던 발굴 기록을 모두 아프가니스탄 정부에 넘겼다. 그리고 빈손으로 미련 없이 사막의 발굴장으로 돌아갔다. 틸리야-테페에서 그가 발굴한 황금 유물은 개수로 2만 점에 가까워 슐리만의 트로이의 황금과 비슷한 규모였다.

## 위험에 처한 유물

틸리야-테페의 황금 유물은 다시 위험에 처해 있다. 지난 2021년 8월에 미군이 철수하고 다시 탈레반이 정권을 잡았기 때문이다. 탈레반은 이미 누차 문화재를 파괴한 전력이 있다. 당장은 눈에 띄는 위해를 가하지 않았지만 향후 자신들의 정권이 위태롭거나 하면 황금 유물을 볼모 삼아 위해를 가하려 할 수도 있다. 내전의 상흔이 여전히 남아 있는 아프가니스탄의 문제가 해결되지 않는 한 틸리야-테페의 황금 유물은 계속 위험에서 벗어나지 못할 것이다.

# 우크라이나와
## 러시아의
## 스키타이 황금 분쟁

한국이 스키타이의 황금에 관심을 가진 역사는 꽤 오래되었다. 아직 소련이 건재하던 1991년 10월에 국립중앙박물관에서 "스키타이 황금전"이라는 제목으로 예르미타시박물관에서 소장한 스키타이 유물의 전시회가 열렸다. 이 전시회는 한국으로서는 국립중앙박물관이 중앙청에 있었던 시절의 마지막 전시였고, 또 소련은 이 전시회가 열린 직후인 1991년 12월에 해체가 되어서 한국과 소련이 공동으로 개최한 유일한 전시회가 되었다.

스키타이의 황금이 한국과 다시 인연을 맺은 것은 그로부터 20년 뒤인 2011년 겨울로, 예술의 전당이 기획한 〈스키타이 황금 문명전(展)〉이라는 또 다른 전시회가 열렸다. 물론 우리가 보기엔 같은 스키타이의 황금이라고 생각할지 모르겠지만 실상 다른 유물들이었다. 스키타이 문화는 하나의 민족이 아니라 우크라이나 초원에서 중국 만리장성 일대로 이어지는 넓은 지역을 통칭한다. 2011년에 한국에 온 황금 유물은 우크라이나 중앙박물관에서 온 것으로 실제로 그리스의 역사가 헤로도토스가 이야기한 진짜 스키타이족의 유물이었다. 우크라이나 최고 국보로 지정된 황금 유물 두 점을 제외하고 나머지는 모두 진품으로 260점의 황금 유물이 들어왔다(그림 5-6).[7] 필자도 당시 전시회에 자문과 해설을 준비하면서 참여할 수 있었다. 그런데 전시회를 준비하면서도 쉽게 믿기 어려웠다. 도대체 어떻게 로비했기에 이렇게 한 나라를 대표하는 국보급 황금 유물들이 손쉽게 한국에 올 수 있었는지 궁금했는데, 사실 우크라이나 측에서 적극적으로 제안했다고 한다. 실제 스키타이 문화의 상당 부분은 현재의 우크라이나에 속한다. 그러니 소련의 독립으로 러시아와 분리하면서 우크라이나는 스키타이 문화의 '원조'를 자처했고, 나아가서 러시아의 최초 국가인 키예프(현 우크라이나의 수도)를 내세워 나름대로 러시아 문화의 정통성을 강조하기 위함이었다. 물론 한국에서 스키타이의 황금이 시베리아가 아니라 우크라이나가 원조라는 점이 얼마나 어필되었는지는 모른다. 여하튼 우크라이나 덕분에 우리는 서울에서 편하게 스키타이의 황금을 볼 수 있게 되었으니 어쩌면 피차 이득이었는지 모른다.

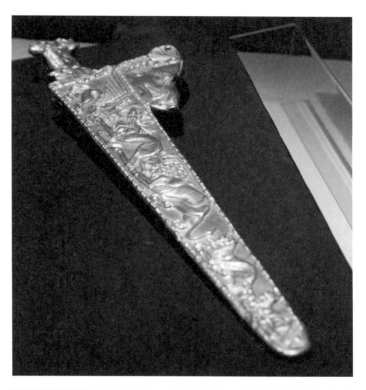

그림 5-6. 크림반도 출토 유물(위)과 2011년 한국에서 열린 우크라이나 〈스키타이 황금문명展〉 전시회 입구(아래)

## 러-우 전쟁 속 스키타이 황금

하지만 스키타이 황금 유물의 원조 논쟁을 둘러싼 러시아와 우크라이나 간 큰 분쟁은 2014년에 터졌다. 2014년에 러시아가 크림반도를 합병하면서 우크라이나와 준전시 상태로까지 이어졌다. 그런데 공교롭게도 크림반도가 러시아로 합병되기 직전에 크림반도의 스키타이 황금 유물은 네덜란드 암스테르담에 있는 알러드 피어슨 박물관(Amsterdam's Allard Pierson Museum)에서 전시 중이었다. 즉, 유물이 네덜란드로 나갈 때는 우크라이나 소속이었지만 전시회가 끝나는 시점에는 그 땅의 주인이 바뀌어서, 어느 나라에 황금 유물을 돌려주어야 하는가를 둘러싸고 러시아와 우크라이나 사이에서 국제법 소송이 이어졌다. 2016년 12월 1차심에서는 우크라이나 측에 돌려주라는 판결이 나왔다. 하지만 이 유물을 직접 발굴하고 소장해 온 이들, 즉 이미 러시아 소속이 된 크림반도의 고고학자들이 소송을 제기했다. 이에 2019년에는 러시아 측의 항소가 받아들여져서 우크라이나 측으로 반환하기 위해서는 새로운 준비가 필요하다는 결정이 내려졌다.

사실 이 크림반도의 스키타이 유물에 관한 공방전은 따로 책을 하나 써도 될 정도로 아주 복잡하다. 공식적으로 러시아의 크림반도 합병은 전쟁과 같은 폭력이 아니라 주민투표로 이루어졌고, 실제로 크림반도의 주민들은 러시아인들의 비율이 높다. 그러니 전쟁으로 빼앗긴 유물은 본국에 다시 반환한다는 헤이그 문화재보호협약과는 관계가 없다. 또한 크림반도 스키타이의 황금을 발굴하고 보존한 사람들도 실제 러시아인들이다. 또 다른 문제가 있으니 크림반도의 유물을 우크라이나로 돌려준다면 이미 러시아 땅이 되어 버린 크림반도를 제외한 어느 도시의 박물관이나 고고학자가 그 유물을 받아야 하는지도 쉽게 판단할 수 없다. 반면에 크림반도의 스키타이 고분은 현재 러시아인과 전혀 관계없는 우크라이나의 영토였으며 우크라이나의 세금과 주권으로 발굴되었다는 주장도 만만치 않다.

사실 이러한 경우는 나라가 바뀌는 것과 관계없이 유물이 출토된 지역에 두는 것이 제일 낫다고 볼 수 있다. 예컨대 1910년에 일본이 한국을 강제 병합했다고 해서 일본열도로 문화재를 옮겨 간 것은 결코 정당화할 수 없기 때문이다. 하지만 현재 크림반도 병합처럼 국제적으로 공인받지 못한 경우 양측이 날카롭게 대립하기 때문에 유물을 그냥 그 자리에 두면 위험할 수 있다. 비슷한 사례조차 찾기 어려운 크림반도 스키타이 황금 사건은 해결될 기미조차 보이지 않았다. 그런데 최근(2023년 11월 27일)의 신문 보도에 따르면, 네덜란드에서 남아 있던 스키타이의 황금을 포함한 크림반도의 유물 565점은 우크라이나에 주라는 판결에 따라 반환되었다.[8] 이 유물들은 크림반도라는 지역이 아니라 우크라이나라고 하는 나라에 속한다고 본 것이다. 사실 '유물 국가 귀속주의'는 완벽한 논리라 볼 수 없기에 러-우 전쟁에 따른 반러시아 성향이 자연스럽게 판결에 반영되었다고 보는 것이 합당하다. 비록 크림반도의 스키타이 유물 귀속 문제는 일단락되었지만, 이 지역을 중심으로 하는 스키타이 황금 유물의 해석과 귀속 문제는 러시아와 우크라이나 간에 지속될 것이다.

문화재의 진정한 주인과 관리에 관한 문제는 21세기에 다시 국가 간 갈등이 심해지며 가열화되고 있다. 그리고 문화재를 둘러싼 국가 간 충돌은 바로 황금 문화에 집중될 것이라는 점에서 황금 예술이 현대사회에서 가진 의미는 클 수밖에 없다.

# 일제 강점기
## 신라 금관 발굴의
# 이중성

19세기 이래로 서구 열강들은 경쟁적으로 보물 찾기에 나섰다. 엘도라도, 이집트의 피라미드, 잉카의 황금 등 20세기 초반의 제국들이 경쟁적으로 나선 '황금광 시대'에 일본도 예외는 아니었다. 물론 처음부터 한반도에서 황금을 찾을 것으로 기대하지는 않았다. 원래 일본은 평양의 낙랑과 경남 일대의 가야 고분을 조사해서 한국의 북부는 중국 식민지, 남부는 일본의 식민지임을 증명하고 이를 통해서 자신들의 식민지 경영을 역사적으로 합리화하고자 했다. 뜻하지 않게 1921년에 경주의 파괴된 고분 근처에서 아이들이 구슬을 가지고 놀던 것이 우연히 알려지면서 고분 하나를 조사하게 되었다. 바로 금관총이었다. 금관총의 발견은 조선총독부와 고고학자들에게 자신감을 불어넣었다. 자신들이 발굴한 신라의 금관이 세계 고고학계에서 뉴스가 되고 고고학 잡지의 표지를 장식했다. 이에 일본은 서양 일변도였던 제국주의 고고학 판도에서 일본도 신라의 찬란한 황금 유물로써 한 자리할 수 있다고 생각하게 되었다. 이에 일제의 고고학은 식민지 증명이 아니라 황금 발견으로 방향을 선회하게 되었다.

금관총 발굴로 일제는 신라의 황금 문화를 발굴했다는 명성을 얻었지만 경주 신라 고분 관리는 형편없었다. 스웨덴의 황태자 구스타브의 방문으로 시작된 서봉총 발굴은 사실 일본 총독부의 대책 없는 유적 파괴가 관련되어 있었다. 일제는 1920년대에 경주에 철도를 건설하고 부속 건물들을 지으면서 필요한 토사들을 황남동 고분군 일대에서 채취했다. 2미터에 이르는 곡괭이로 고분군에서 흙을 퍼내 갔으니, 당시에 소형 고분에서 흘러내린 유물들이 사방에 널브러져 참혹했다. 하지만 어느 누구도 공사를 막지 못했다. 그러던 와중에 많은 고분이 소리 소문도 없이 파괴되었다. 박물관에서 일본인 연구원들이 파견되었지만 고작해야 파괴된 고분들 틈에서 유물을 수습하는 정도였다. 당시 일본인들의 문화재 인식을 너무나도 잘 보여 주는 상황이었다. 서봉총 유물은 제대로 보고되지 않아서 전체 실태를 전혀 파악할 수 없다. 그리고 발굴 책임자인 고이즈미 아키오(小泉顯夫)는 평양박물관 재직 시절 당시 평양의 유명한 기생 차릉파를 불러 금관을 씌우는 등 유물을 훼손한 사건으로 크게 물의를 일으켰다(그림 5-7). 일제 강점기 이러한 중대 범죄가 폭로되면서 한국

내에서 여론이 들끓었다. 하지만 고이즈미 아키오는 이후에도 직을 계속 유지하고 자신이 식민지 조선에서 발굴한 경험을 자화자찬하는 회고록까지 냈다. 고이즈미는 이 회고록에서 서봉총 금관을 기생이 착용한 사건에 관해 언급 자체를 하지 않았다. 대신에 스웨덴 왕자를 모셨다는 일만 장황하게 설명할 뿐이었다. 정작 고이즈미는 서봉총의 발굴 보고서나 기록을 남기지 않아서 가장 기본적인 발굴 유물 목록마저 오리무중인 상황이다. 일제의 신라 황금 문화에 관한 인식을 단적으로 보여 주는 예다.

일제가 신라의 황금 문화를 마치 식민지의 전리품처럼 여긴 것과 달리 한국 사람들은 신라의 황금을 자주성을 지키는 도구로 인식했다. 실제로 금관총을 경주에 계속 유치하고자 기부금을 모아 '금관고'를 헌납할 정도였다. 이후 한국전쟁 시기에는 신라 금관을 가장 먼저 옮겼고, 심지어 전선이 악화된 시점에는 미국 샌프란시스코에 위치한 뱅크 오브 아메리카에 소개할 정도였다.

한국전쟁이 끝난 직후 한국은 아프가니스탄이나 우크라이나와 마찬가지로 독립국 한국의 자주성을 황금 문화를 통해 널리 알리기로 결정했다. 사실 '황금'만큼 사람의 이목을 끄는 것은 없다. 그러니 신생국가들이 자국을 세계에 알릴 때 '황금의 나라'가 주제가 될 수밖에 없다. 한국도 마찬가지로 황금 유물을 포함한

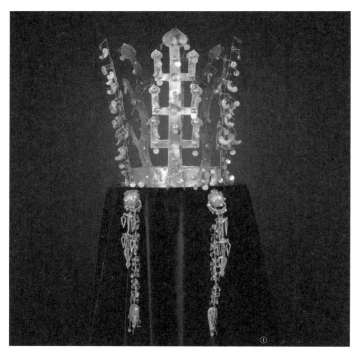

그림 5-7. 서봉총 금관(①), 구스타브 황태자의 발굴 장면(②), 평양 기생 차릉파가 착용한
서봉총 황금 유물, 《조선일보》 1936년 6월 23일 보도(③)

전시를 미국과 유럽 일대에서 열었다. 1957년부터 1959년까지 〈한국미술 5천년전〉이라는 제목으로 미국 8개 도시에서 순회전시를 했는데, 이때 신라의 금관을 비롯하여 유물 193점이 전시됐다.⁹ 사실 한국전쟁이 끝난 지 4년밖에 안 된 시점이었다. 제대로 된 유물 포장법이나 보존 기술도 없던 시절에 수십 일이 걸려 프로펠러 비행기로 미국에 유물을 운송했다. 지금 같으면 도저히 상상할 수 없는 일이다. 그리고 60년대에는 유럽으로, 70년대에는 다시 미국으로 전시가 계속 이어졌다. 신생국가인 한국의 존재를 세계에 알리고자 하는 마음이었다. 그리고 전시에는 반드시 황금 유물이 포함되어야 했다. '황금의 나라'라고 하는 상상력은 중세 이래 서양 사람들의 로망이었고, 이러한 홍보는 주효했을 것이다.

다만 전쟁 직후 한국의 열악한 사정을 생각하면 이러한 전시가 황금 유물의 보존에 좋았다고 보기는 어렵다. 분명한 점은 신라의 황금 유물은 유라시아와 관련성이라는 학문적 관심 외에도 일제의 식민성 그리고 한국의 자주성을 모두 대표하는 야누스적 존재였다.¹⁰ 이는 비단 한국만의 사정은 아니었다. 황금이라고 하는 인류 최고의 예술 작품에 투영된 인간의 바람은 똑같기 때문이다.

6

황금의 제국들 근

불밤의 이들그니움,

고고학은 유물 자체의 아름다움보다는 유물이 가진 사회적 의미를 밝힌다는 점에서 미학이나 미술사와 차이가 있다. 그렇다고 고고학이 아시아의 미를 탐색하는 데 필요 없다는 뜻은 절대 아니다. 인간이 아름다움을 추구하는 일은 바로 고대사회를 움직이고 지역 간 교류를 일으키는 원동력이기 때문이다. 그런 점에서 황금이 주는 아름다움의 가치가 고대사회 간 교류를 어떻게 이끌어 내고 권력을 유지해 주었는가를 밝히는 것은 결코 과거의 일만은 아니다. 현대사회에서도 여전히 아름다움이 개인의 권력과 부를 유지해 준다는 점에서 이러한 고고학적 접근으로 바라보는 아시아 미의 재발견은 그 시도 자체로도 새로운 미의 가치 창출에 큰 역할을 할 것이다.

　이 책에서는 유라시아 초원계 황금 장식이 동아시아로 전파되었다는 단순한 전파론적 시각을 탈피해서 황금 문화가 개별 사회로 도입되고 변용되어 재창조되는 과정을 서술했다. 특히 황금 인간에서 신라 금관으로 이어지는 과정을 단순한 아름다움의 도입만이 아니라 해당 사회의 제사 권력 유지라는 차원에서 설명했다. 과연 유라시아 황금 문화가 아시아의 미에서 어떠한 역할을 했을까. 고고학적 분석을 하나씩 해 보자.

## 거친 실크로드에서 탄생한 아름다움

유라시아와 황금이라는 말은 사실 매우 역설적이다. 시베리아 또는 북방 유라시아라고 하면 춥고 힘든 유형지가 가장 먼저 떠오르지만 동시에 아련한 환상과 유혹적 이미지도 있다. 사실 툰드라와 타이가 지역의 수용소 같은 시베리아도 있지만, 시베리아 남쪽과 중앙아시아 카자흐스탄 초원 일대는 하나의 큰 벨트로 이어져서 아시아와 유럽을 잇는 고대 교류의 길이었다. 황금 문화의 교류는 역설적으로 가장 험난한 길을 통해서 탄생했다. 당나라의 화려한 이국적 산물을 정리한 에드워드 셰이퍼의 《사마르칸트의 황금 복숭아》[1]는 가장 험난한 길인 실크로드를 통해서 당나라로 유입된 가장 화려한 물건들을 역설적으로 보여 준다.

스벤 헤딘이나 아우렐 스타인과 같은 실크로드 탐험가의 기행기는 사막 속 험난한 탐험을 적나라하게 보여 준다. 반면 셰이퍼의 책에 등장하는 실크로드에서 들어오는 이국적 산물은 아름다움의 극치다. 마치 뮤지컬을 보듯 화려하고 이국적인 무희들과 스펙터클한 연극, 아찔한 기예, 황금을 비롯한 상아와 같은 귀한 물건들이 끊임없이 이어진다.

상반된 두 실크로드의 이미지는 사실 동전의 양면과 같다. 실제 고고학이 전하는 이국적 실크로드는 매우 험난한 교역로이기 때문이다. 최상의 아름다움은 역설적으로 황량하고 거친 사막을 통과하는 대상의 목숨 건 노력이 있어야 가능하다. 마찬가지로 유라시아의 찬란한 황금 문화도 그것을 만들기 위해서 수많은 목숨을 걸어야 했다. 자신의 아름다움과 욕심을 위해서 목숨을 걸 수 있는 유일한 존재가 사람이 아닌가. 유라시아 초원의 황금 문화가 바로 이러한 치명적 아름다움의 산물이다. 카자흐스탄의 사카 문화나 알타이의 파지리크 문화는 겨울이 긴 황량한 초원에 살던 사람들이 만들고 사용했다. 가장 화려한 황금 유물 뒤에는 황량한 사막과 죽을 고비를 넘긴 수많은 유목민의 삶이 있다.

유라시아 황금 문화는 이러한 지리적 환경을 딛고 만들어진 역설적 아름다움이다. 중국의 북방 지역을 통해 한반도와 유럽으로 전해졌던 황금 문화의 이면에는 자신의 허영을 채울 수많은 명품을 향한 인간의 집착이 있었다. 황금과 같은 명품이 있었기에 죽음을 넘나드는 실크로드의 교역 네트워크가 가능할 수 있었다.

## 초원 실크로드가 만들어 낸 '휴대성'의 아름다움

유라시아 황금 문화는 유라시아 초원로드와 실크로드를 중심으로 동서양으로 확산되었다. 이렇게 실크로드를 통해서 확산된 황금 유물은 바로 휴대성에 기반한다.

황금은 작고 가볍지만 부가가치와 미적 가치가 높은 것을 중심으로 이동하는 유라시아 초원 지대에 가장 적합하다. 초원의 사람들이 황금 장식을 좋아한 데는 그들의 삶의 방식이 관련되어 있다. 그들은 일정한 거처가 없이 떠돌아다녔기에, 무겁고 거추장스러운 물건은 소유할 수 없었다. 대신에 타고 다니는 말과 몸을 꾸미는 데 모든 재화를 소비했다. 게다가 황금은 가공하는 데 넓은 공간도 필요하지 않으며, 연성과 전성이 강하기 때문에 적은 양으로 많은 장식을 만들어 낼 수 있다. 이렇게 유라시아 초원을 통해 아시아로 도입된 황금은 바로 화장품과 같은 휴대성을 띤다. 유라시아 초원의 황금은 최대한 가벼우면서 장식의 효과를 극대화한다. 더 이상 유목할 일이 없는 왕족급 고분에도 황금 유물은 많아야 5킬로그램 이내만 묻힌다. 이것은 바로 현대의 화장술과도 일맥상통한다. 의복이나 청동 장식과 달리 황금 자체는 실용적 기능을 하기보다는 몸에 바르는 듯한 효과를 냈다. 사카의 황금 인간에서 보았듯이 황금은 덮는 것이다. 대신에 그 황금 장식에 고도의 세공 기술을 사용해 신분의 가치를 높인다.

이와 같은 휴대성으로 초원 계통 황금 문화는 빠르게 유행했다. 중국 한나라 시절에도 초원 스키타이계 동물 장식이 화려하게 새겨진 황금 허리띠 장식은 중원 귀족들 사이에서 지역을 초월해 널리 퍼졌다. 심지어 가장 무더운 광둥성 지역은 조타가 세운 남월왕국의 한묘에서도 스키타이 양식 황금 허리띠와 장식이 대거 발견되었다. 이러한 황금 장식들은 거의 각 지역에서 빠짐없이 발견되었으며, 공통적으로 모두 최고위층 귀족들에게서 나왔다. 초원 황금 문화의 아름다움은 휴대성으로 인해 널리 확산될 수 있었다.

## 초원의 황금 예술, 그 뒤에 숨어 있는 경제

모든 아름다움은 그것을 향유하는 사회와 분리해 생각할 수 없다. 마찬가지로 초원의 황금 예술이 아시아의 미로 편입되는 과정을 단순하게 황금 유물이 중국 북방 지역은 물론 중국 전역에서 보이는지 표면적 내용으로만 서술한다면 문제의 한쪽만 보는 것이다. 사실 동아시아는 수천 년간 귀중품을 철저하게 옥으로 제작하던 옥의 사회였다. 기원전 4세기경 사카 문화의 확산과 흉노의 등장으로 초원의 황금 예술이 중국 전체 귀족 사이로 확산되어 가는 과정을 단순히 아름다움의 동화라는 차원만으로 설명할 수는 없다.

외지에 가서 상업 활동을 하는 상인들로서는 무엇보다 자신의 생명과 상품의 안전, 교역의 이득이 확보되어야 했다. 이를 위해 사용하는 비용을 '보호 비용'이라고 한다. 낙타 대상은 운송로에 있는 권력자들 혹은 강도들에게 사례하고 안전을 보장받는 경우가 많았는데, 이것이 대표적 보호 비용이라 할 수 있다. 그런데 보호 비용은 위험 수준과 다양한 요소를 고려하여 결정되므로 상인들은 여러 루트를 놓고 판단하여 선택해야 했다.

흉노가 발흥한 시기 다양한 황금 세공 기술자가 활동하면서 흉노와 같은 유목민들에게 황금 예술품을 공급하고 있었다. 상인에게는 교역의 안전뿐 아니라 일정하게 교역품을 확보하는 일도 중요했다. 로마에서 좋아했던 중국의 비단, 칠기 등을 안정적으로 확보하려면 중국 측에서도 교역로를 장악해야 했다.

진~한나라 시기 중국의 실크로드 교역로 확보는 단순한 경제적 이익을 넘어서 흉노 제국을 압박하려는 의도가 있었다. 흉노가 관장한 초원로드 대신에 실크로드를 선택하면 흉노에게 들어가는 재화가 줄어들어 궁극적으로 그들의 세력이 약화되기 때문이다. 그렇다면 흉노가 주로 사용하던 황금 제품을 중국 내 귀족들이 주로 소비하면서 황금 기술자들도 중국에서 관장하려는 노력이 필요하다.

물론 황금 예술은 매우 고부가가치로 비용이 많이 든다. 하지만 그를 통해서 흉노의 경제적 팽창을 막는다는 것은 흉노와 전쟁을 치르는 비용에 비하면 효율적이었다. 이러한 사회적 요인은 궁극적으로 중국 내에서 초원계 황금 예술이 널리 확산되는 데 상당한 동기부여가 되었다.

## 불과 얼음의 미학

황금의 도입은 동아시아 고대사에서 큰 사건이었다. 신석기 시대 이래로 거의 1만 년 가까이 동아시아는 철저하게 옥을 중심으로 귀금속이 발달했다. 황금이나 금속과 달리 옥은 무게가 나가며 가공에도 고온을 이용하는 제련 기술이 필요 없다. 대신에 돌을 갈아 내야 하는 도구와 노동력이 필요하다. 이렇게 동아시아에서는 황금과 완전히 상반된 재질인 옥이 주류를 차지했으며, 옥을 만드는 기술은 황금과는 쉽게 호환될 수 없었다.

이러한 상반된 특성으로 동아시아에는 황금이 상대적으로 늦게 도입되었다. 뜨거운 불로 만드는 청동기가 도입된 청동기 시대에도 한국의 고인돌에서는 여전히 비파형동검보다 석검과 곡옥이 주로 나왔다. 옥으로 대표되는 장인 집단과 아름다움의 가치에 전혀 변화가 없었다는 뜻이다. 유라시아 황금의 미가 들어오는 데에는 상당히 많은 시간이 소요되어서 신라에서야 비로소 불과 얼음으로 상징되는 두 재질이 조화를 이루었다.

바로 이 황금과 곡옥이 신라의 금관에 달렸다. 신라의 금관과 비슷한 '出' 자형의 나무와 사슴뿔이 형상화된 금관은 유라시아 곳곳에서 발견된다. 하지만 곡옥이 달린 금관은 오로지 신라에서만 찾아볼 수 있다. 이는 초원과 동아시아 아름다움의 이상적 조화를 상징한다.

신라 금관이 비교적 늦게 황금을 도입한 한국을 대표하는 황금 예술인 이유는 바로 불과 얼음의 이상적 조화를 보여 주기 때문이기도 하다.

## 제사와 권력을 독점하는 아름다움

황금의 아름다움은 기술과 노동력이 집약되어 표출된다. 유라시아 황금은 신라의 예처럼 금관과 같은 최상위 계급의 권력을 유지하는 제사와 연동되었다. 황금의 화려한 아름다움은 제사장과 왕이 독점하였고, 이것은 권력의 독점으로 이어졌다.

아름다움과 권력의 상관관계는 유목민들에게 황금 예술이 지니는 의미에서 실마리를 찾아볼 수 있다. 유목민은 자기의 신하들에게 황금으로 만든 사치품들을 주어서 그들의 충성심을 유지했다. 스키타이로부터 몽골에 이르기까지 중앙 유라시아 통치자들의 사치스러운 무덤을 보면, 그들이 사후 세계에 관해 가지고 있었던 신앙과, 사후에도 이승과 같은 삶을 즐기고자 했던 그들의 욕망을 엿볼 수 있다. 이러한 사후 세계에 관한 믿음과 종교적 심성은 찬란한 황금 예술품을 통해 더욱 강력하게 구현되었다. 즉, 황금이 아시아로 확산된다는 것은 단순히 아름다움뿐만 아니라 종교와 제사도 동반해서 확산된다는 뜻이다.

황금이 가진 아름다움은 옥을 주로 사용하던 동아시아에서는 매우 낯설고 이국적이었다. 이러한 독특한 아름다움은 곧 지배계급의 선민의식과 연결되었고, 이는 바로 유라시아 샤머니즘이 적극적으로 한반도로 도입되는 단초로 이어졌다. 신라가 도입한 금관은 일방적인 초원 유목민족의 유물도 아니었고, 전통적인 옥이 중심인 유물도 아니었다. 기존의 전통인 옥을 유라시아에서 들여온 황금 문화와 조화해서 신라만의 독특한 황금 예술을 창조했고, 이것을 왕족이 독점하면서 자신들의 선민의식을 강화하는 도구로 썼다.

## 21세기에 돌아보는 초원 황금 예술의 미

동아시아에서 황금의 등장은 새로운 미적 가치의 창출이라는 큰 전환기를 불러왔다. 동아시아에서 전통적으로 선호하던 옥이든 초원에서 들어온 황금이든 공통점이 있으니, 바로 영원함을 향한 인간의 갈구다. 황금이 지닌 불변성은 바로 영생이라는 인간의 바람과 잘 어울렸고, 결국 세계 곳곳에서 많은 귀족과 왕의 무덤에 부장품으로 황금 유물이 묻히게 되었다. 영원한 아름다움을 향한 인간의 갈망이 황금 예술로 집약되어 무덤으로 들어갔다.

고고학자는 무덤 속 죽음의 흔적인 해골들 사이에서 황금 유물을 찾아낸다. 영원한 것은 황금이지 인간이 아니다. 고고학자가 찾아낸 황금 유물의 미적 가치가 더욱 극적인 이유는 가장 적나라한 죽음의 현장에서 찾아낸 가장 화려한 예술이기 때문이다.

영원과 아름다움을 향한 인간의 갈구로 세상은 교류하고 움직였다. 바로 유라시아의 황금 문화가 가지는 진정한 가치다. 아시아의 미는 지금 바야흐로 세계를 움직이고 있다. 유라시아에

서 유입된 황금 문화가 신라에서 꽃피우고 지금은 다시 세계적
으로 한국의 미를 대표하고 있다. 아름다움은 고립이 아니라 다
양한 교류에서 피어난다. 유라시아 황금 문화가 아시아의 미를
탐구하는 우리에게 주는 가장 큰 메시지다.

epilogue

수많은 유물을 접하는 고고학자에게도 황금이 주는 느낌은 언제나 강렬하다. 지난 2016년 7월에 나는 국립문화재연구소 미술공예실의 조사팀과 함께 카자흐스탄의 수도 아스타나에 위치한 국립 카자흐스탄박물관의 수장고에서 이시크 황금 고분의 유물을 비롯해 카자흐스탄 국보인 사카의 황금 유물들을 2주간 직접 조사할 수 있었다. 직접 황금을 조사하며 0.1밀리미터도 안 되는 작은 세공의 흔적들을 보면서 감탄한 것이 이 책의 시작이었다.

황금은 약 6000년 전 인간의 역사에 처음 들어온 이래 아름다움, 재화 그리고 권력에서 최상의 가치를 한 번도 내어 준 적이 없다. 최근 황금은 장신구나 아름다움의 상징에서 많이 퇴보했지만, 여전히 금본위제의 화폐경제가 성립되면서 재화의 척도가 되었다. 황금의 가치와 의미는 아무리 이야기해도 지나치지 않다. 그렇다고 우리가 우리 고대문화 속 황금이 가지는 진정한 가치를 안다고 평가하기는 어렵다. 그 주요한 루트인 유라시아의 황금 문화에 관한 이해가 거의 없었기 때문이다. 사실 이제까지 유라시아 초원의 유목민은 '오랑캐'라는 편견으로 점철되었기 때문에 적어도 한국에서는 유라시아 초원의 예술과 그들이 고대 동아시아에 끼친 영향이 제대로 평가받지 못했다. 이 책에서 나는 초원 황금 문화가 지닌 진정한 가치를 재평가해 보았다. 유목민의 황금 문화를 통해 그들의 미적 가치를 재발견하는 일은 황금의 단순한 미적 가치를 떠나서 실크로드로 대표되는 동서 문명의 교류 그리고 미적 가치의 환류라는 관점에서 재평가될 수 있다고 생각한다.

이 책에서는 바로 전통적 실크로드 이전의 북방 사카계 황금 문화가 어떻게 전 동아시아로 확산되었는지 살펴보았다. 우리가 막연하게 북방계 또는 스키토-시베리아 문화계라고 추정해 왔던 유라시아 초원계 문화는 사실 초기 스키토-시베리아 문화 단계와 후기 사카계 문화로 대별된다. 기원전 4세기를 중심으로 만리장성 일대에 확산되는 황금 문화는 바로 카자흐스탄을 중심으로 존재했던 사카계 황금 문화에 기반한다. 사카 문화는 유목 문화의 확립 시기를 대표하는 카자흐스탄의 대표적 집단이다. 사카가 이후 소그드, 토차리안 등의 민족으로 이어졌으므로, 사카 문화 연구는 현대 카자흐스탄의 정체성을 확립하는 데 매우 중요한 주제다. 또한 사카 문화가 만리장성 지역을 중심으로 동쪽으로 퍼져 나간 경로는 한반도 북방 초원계 문화의 성립과 관련하여 주목된다. 따라서 사카 문화가 만리장성을 중심으로 빠르게 동쪽으로 확산되었음도 다루었다. 사카 문화는 흉노의 형성으로 확산되고 한나라와 전쟁 등의 사건을 거치며 멸망했지만, 그들의 예술은 한반도를 비롯한 동아시아에 안착하게 되었다.

동아시아로 유입된 초원의 황금 예술은 신라의 금관으로 완성되었다고 해도 과언이 아니다. 신라의 북방계 문화 요소는 적석목곽분과 함께 황금을 들 수 있다. 금관에 표현된 사슴뿔, 세계수 등의 이미지가 아프가니스탄의 틸리야-테페, 흑해 연안의 호흘라치, 유라시아 초원의 주변 지역에 널리 분포함은 주지의 사실이다. 하지만 이들 금관은 이러한 유사성이 있음에도 유라시아 각지의 다양한 문화 요소와 결합되었고, 세부 기법에 차이도 있기 때문에 일방적 전파론으로 해석할 수 없었다. 그렇다고 서로 무관하게 독자적으로 발달했다는 자생론 또한 성립하기 어렵기 때문에 금관의 기원에 관해서는 심도 있는 연구를 찾아보기 어려웠다. 이 책에서 나는 기존 연구에서 탈피하여 유라시아 전역으로 확산되는 초원의 황금 문화와 각 지역의 변용이라는 점에 주목하여 문제에 접근했다. 그 결과 신라의 금관처럼 지배계급(최고위계층)이 자신을 황금으로 장식하는 풍습을 멀리는 사카 문화 그리고 흉노의 제천금인에서 찾았다. 그리고 초원의 황금 인간 전통은 유라시아 전역의 정착 국가로 확산되며 지배계급의 제사 독점으로 이어져 금관 사용으로 바뀌었다고 보았다.

본 연구에서 가장 이질적인 듯하지만 가장 필요한 부분은 바로 현대사회에서 황금 문화가 지닌 의의를 다룬 5장이다. 흔히 고대의 미적 가치는 과거의 유산으로만 치부하기 쉽다. 하지만 그러한 기대와 달리 황금 예술은 전 세계 모든 박물관에서 가장 중심을 차지한다. 이는 다시 말하면 국가 간 갈등과 자주성 확립이라는 21세기의 세계적 현안에서 황금 예술이 갈등의 중심이 되고 있다는 뜻이다. 최근 국가 간 전쟁이 벌어지며 국민들 간의 갈등이 문화재를 중심으로 벌어지고 있다. 그러한 갈등의 중심에는 대부분 황금 문화재가 있다. 러시아-우크라이나의 갈등 그리고 아프가니스탄 등 세계의 갈등 속에서 황금 문화재는 언제나 논란의 대상이 되었다. 진정한 아름다움은 끊임없이 재해석되고 그들이 속한 사회적 맥락에서 평가될 때 인정받을 수 있다. 황금의 찬란함에 매혹되는 것은 어쩌면 사피엔스의 본능인지도 모른다. 고고학 자료는 우리가 상상하는 황금의 나라가 어디에도 없음을 일관되게 증명한다. 하지만 세월이 지나도 바뀌지 않는 황금을 향한 인간의 탐욕과 집착은 각 사회를 비추는 바로미터와 같다. 단순히 유라시아의 고대 황금 문화가 고대의 역사로 끝나지 않는 이유가 여기에 있다.

고고학의 주목적은 남아 있는 유물을 통해 과거의 삶을 복원하는 일이다. 이는 아름다움 자체의 발견에 주목하는 미학이나 미술사와는 사뭇 다른 관점이다. 또한 그렇기 때문에 고고학의 새로운 관점을 제안할 수 있는데, 바로 삶에 녹아 있는 자연스러운 아름다움을 발견하는 일이다. 삶의 일부로서 그리고 한 사회에서 용인하고 선호하는 아름다움으로서 그 가치를 발견할 수 있다. 이 책에서는 황금이 가진 불멸의 아름다움에 매혹된 유라시아의 사람들이 그것을 만들고 소비하는 사회적 배경과 소유함으로써 갈등하는 현재적 가치를 설명하고자 했다. 그리고 지금도 많은 황금 유물이 발굴되고 있다. 새로운 발굴 기술과 분석 기법으로 그동안 양식에만 중점을 두었던 연구를 탈피해서 각 장식들의 용도, 제작 방법, 수요, 재화적 가치 등을 밝히는 새로운 연구가 백출하고 있다. 부족한 이 책이 고고학적 방법과 자료에 근거한 교류의 네트워크를 밝히고 미적 가치의 전파를 연구함으로써, 미술사 및 미학의 관점에서 주로 이루어지는 아름다움에 관한 연구에 새로운 활력을 불어넣는 데 일조하길 바란다.

주

## 1. 황금 문화의 탄생

1 배리 스트라우스 지음, 최파일 옮김,《트로이전쟁》, 뿌리와이파리, 2010,
52쪽.

2 클레어 필립스 지음, 김숙 옮김,《장신구의 역사》, 시공사, 1999.

3 김동환·배석,《금속의 세계사》, 다산에듀, 2015, 105~108쪽.

4 1886년 아마르나에서 발견되어 통상 'amarna letter'라고 칭한다. 이집트
신왕국 시절 파라오인 이크나톤(Ikhenaton)이 이곳으로 수도를 옮겨서
'아케나텐'이라 칭했다. 당시에 이집트와 주변 국가 사이의 외교 및
교역을 알 수 있는 점토판이 다수 발견되었다.

5 Bard, K.A., *An introduction to the archaeology of ancient Egypt*, John
Wiley & Sons, 2015, p.244.

6 다른 광물에 비해 무거운 금이 강 밑바닥 사력층에 깔려 있게 된다.

7 클레어 필립스 지음, 김숙 옮김, 앞의 책, 1999.

8 물론 지표로 드러난 금맥에서 산금을 채취하는 일도 가능하다. 하지만
이는 매우 드문 일로 전 유라시아 초원에 그대로 적용하기 어렵다.

9 〈"금 봤다!!!" 어디서? 어떻게?〉,《한겨레신문》2013년 3월 6일.

10 캘리포니아 금광 개발의 영향으로 시베리아 일대에서 금광 열풍이 불던 현상을 말한다(Золотая лихорадка в Сибири).

11 關善明·孫機,《中国古代金飾》, 香港, 2003.

12 강인욱, 〈완주 상림리 유적으로 본 동아시아 동검문화의 교류와 전개: 동주식검의 매납과 청동기 장인의 이주를 중심으로〉《호남고고학보》54, 2016.

13 모래를 채굴하기 위한 흔적은 남아 있기 어렵다. 다만 건조기후인 이집트에서는 와디(wadi)를 판 흔적이 일부 남아 있다.

14 田廣金·郭素新,《鄂尔多斯式青銅噐》,文物出版社, 1986.

15 강인욱, 〈흉노 유적 출토 명문자료에 대한 일고찰〉,《한국상고사학보》75, 2012.

16 신라 적석목곽분의 원형이 되는 고분이다. 신라와는 비교되지 않게 넓은 지역인 카자흐스탄을 중심으로 널리 분포하며 종류 또한 매우 다양하다. 이에 적석계 목곽분으로 구분해서 부르겠다.

17 헤로도토스의《역사》에 관련된 기록이 있다. 페르시아의 다리우스왕에게 보낸 스키타이왕의 편지에 "우리는 집이 없이 유목하는 사람들이다. 당신들이 정벌해야 할 도시도 궁궐도 없다. 정말 우리를 무찌르고 싶으면 우리 조상들의 무덤을 파기해라"라는 구절이 이러한 특성을 잘 보여 준다.

18 Минасян Р. С., Металлообработка в древности и Средневековье / Р. С. Минасян ; Государственный Эрмитаж. – СПб.: Изд-во Гос. Эрмитажа, 2014.

19 Руденко, К.А., Булгарское золото: филигранные височные подвески. Древности Биляра, 2011.

20 볼가강에 세운 불가르인의 국가, 현재의 카잔 일대로 서기 7~11세기에 세워졌다.

21 전용일,《금속공예 기법》, 미술문화, 2006; 주경미,〈고대의 금속공예 제작 기술〉,《유물에 담긴 고대의 과학》, 한성백제박물관 2022 겨울방학 교사직무연수 자료집, 2022; Минасян Р. С., 앞의 책, 2014.

22 강인욱,〈초기 고조선 네트워크의 형성과 비파형동검문화: 기술, 무기, 제사를 중심으로〉《한국고고학보》106, 2018.

## 2. 유라시아, 황금으로 빛나다

1 Renfrew, C., "Varna and the social context of early metallurgy," *Antiquity* 52(206), 1978, pp.199~203; Leusch V., Pernicka E. & Armbruster B., Chalcolithic gold from Varna-Provenance, circulation, processing, and function, *Metal of power-Early gold and silver, Landesmuseum fur vorgeschichte*, Halle, 2014.

2 Rusev, R., Kuleff, I., Slavchev, V. & Boyadjiev, J., "New data about the probable source of raw material of gold artifacts of Varna Chalcolithic necropolis," *Review of the Bulgaria Geological Society* 69, 2008.

3 강인욱 외,《카자흐스탄 초원의 황금 문화》, 국립문화재연구소, 2018.

4 Бейсенов А. З., Исмагулова А. О., Китов Е. П. & Китова А. О., Население Центрального Казахстана в I тысячелетии до н. э., Алматы : Институт археологии им. А. Х. Маргулана, 2015.

5 강인욱 외, 앞의 책, 2018.

6 Чугунов К.С. и др., "Аржан-источник в длине царей," Археологические открытые в Туве, СПб, 2004; ČUGUNOV,

K. V., PARZINGER, H. & NAGLER, A., Der skythenzeitliche Fürstenkurgan Aržan 2 inTuva, 2010.

7   Акишев К.А., "Курган Иссык. Искусство саков Казахстана," М.: 《Искусство》, 1978.

8   Самашев, З. С., Веселовская, Е. В. & Васильев, С. В., ""ЗОЛОТОЙ" ВОИН ИЗ САКСКИХ КУРГАНОВ ТАРБАГАТАЯ," Вестник Московского университета. Серия 23. Антропология (4), 2019.

9   Чугунов, "Исследования кургана 1 могильника Бугры в предгорьях Алта," Археологический сборник 41, Материалы и исследования по археологии Евразии, СПб: Изд-во Гос. Эрмитажа, 2017.

10  한국에서 파지리크 문화는 매우 유명하여 스키타이 시대를 대표하는 문화로 알려져 있다. 파지리크 문화는 19세기 말 라들로프(V. V. Radlov)가 처음 확인했다. 이후 러시아 혁명의 소용돌이가 지나간 뒤인 1920년대 후반에 다시 조사가 시작되었다. 1929년에는 루덴코(S. I. Rudenko)가 울라간(Ulagan)강 근처의 '파지리크'라는 지역에서 다수의 고분을 발굴했고, 이어서 1947~1949년도에 다시 조사가 이어져서 모두 5기의 대형 고분이 발견되었다. 파지리크 문화라는 이름은 여기에서 유래했다. 그 밖에 쿠라이(Kurai), 투엑타(Tuekta), 바샤다르(Bashadar) 등도 추가로 조사되었다. 이후 1990년대에 러시아과학원 시베리아분소 고고민족학연구소에서 알타이의 고원 지역을 조사하여 미라를 발굴하면서 세계적 관심을 끌었다. 2000년대 이후에 발견된 파지리크 문화의 대표 유적은 러시아 알타이와 인접한 카자흐스탄의 알타이 지역에서 조사된 베렐(Berel) 고분이다.

11  헤로도토스는《역사》에서 "동쪽 멀리 괴수인 아리마스피가 살고,
     그보다도 더 동쪽에는 '황금을 지키는 그리핀'이 살면서 황금을 훔치는
     것을 막는다"라고 했다. 그가 직접 가보지 못하고 들은 것을 기록했지만
     중앙아시아와 시베리아 고대 민족에 관한 가장 이른 기록임이 분명하다.

12  이 부분은 2016년 필자가 아스타나에 위치한 카자흐스탄
     국립박물관에서 해당 황금 유물들을 조사하면서 관찰한 것에 의거한다.

13  만리장성 지대는 크게 오르도스 고원 지역의 마오칭거우(毛慶溝) 문화,
     영화 회족 자치주 일대의 양랑(楊郞) 문화, 그리고 베이징 일대 옌산산맥
     지대의 위황무 문화 등으로 대별된다.

14  동앵글리아 사람들은 프랑크왕국 메로빙거 왕조의 영향을 받아서 거대한
     고분을 세웠다. 이를 근거로 서턴 후 유적은 래드왈드(624~625)왕의
     무덤이라는 설이 유력하다.

### 3. 동아시아, 황금으로 물들다

1   강인욱 외, 앞의 책, 2018, 제4장 참조.

2   《후한서》〈동이열전〉마한조 "馬韓人 …不貴金寶錦罽, 不知騎乘牛馬,
     唯重瓔珠, 以綴衣爲飾, 及縣校勘頸垂耳."

3   齊東方,〈中国早期金银器研究〉,《华夏考古》4期, 1999.

4   裴建隴,〈试论出土秦式短剑〉,《中国国家博物馆馆刊》3, 2017;
     井中偉·李連娣,〈中国北方系青铜 "花格" 剑研究〉,《边疆考古研究》11,
     2013.

5   1974년 쥐옌(居延)에서 발견된 죽간에 쓰인 '진호(秦胡)'는 진나라에
     포섭된 오랑캐들을 통칭한다.

6   2010년 및 2015년에 내몽골 영성현 박물관에 소장 중인 유물을 직접

관찰한 것에 의거한다.

7 사카 문화의 확산에 관해서는 필자가 이미 지적한 바 있다(강인욱,〈북방
유라시아 초원지역과 한반도 교류의 고고학: 기원전 4~2세기대 사카계 문화의
유입을 중심으로〉,《한국상고사학보》100, 2018). 그리고 최근 중국에서도
페르시아 아케메네스왕조에서 사카 문화 그리고 중국 전국 시대를
잇는 이 시기 문화 교류에 대한 종합적 연구가 출판되었다(林梅村,
《轴心时代的波斯与中国─张骞通西域前的丝绸之路》, 西北大学出版社, 2021).

8 林澐,〈欧亚草原有角神兽牌饰研究〉,《西域研究》3, 2009;
烏恩,〈我国北方古代动物纹饰〉,《考古学报》1, 1981; 烏恩,
〈略论怪异动物纹样及相关问题〉,《故宫博物院院刊》3, 1994; 烏恩,
〈欧亚大陆草原早期游牧文化的几点思考〉,《考古学报》4, 2002.

9 강인욱,〈기원전 4~서기 1세기의 고고학자료로 본 흉노와 동아시아:
흉노학의 정립을 위한 토대구축을 겸하여〉,《중앙아시아연구》15, 2010.

10 中國社會科學院考古研究所新疆隊,〈新疆阿拉溝竪穴木槨墓發掘簡報〉,
《文物》1期, 文物出版社, 1981.

11 교하고성은 현지말로 야르호토라 하며, 한자 이름이 통용되기 전부터
이미 세계 학계에서 야르호토라 불렸다.

12 新疆文物考古研究所 外,《交河古城-1993,1994年度考古發掘報告》,
文物出版社, 1998.

13 이 지명들은 일부를 제외하고 현지의 위구르어를 한문으로 음차했다.
원 위구르 발음을 적는 것이 원칙이나 원 지명을 찾을 수 없는 것이
대부분이라 부득이 한자 발음으로 적었다.

14 新疆維吾爾自治區,《新疆古墓葬,
新疆维吾尔自治区第三次全国文物普查成果集成》, 科学出版社, 2011.

15 西北大學文化遺産學院 外,〈新疆哈密巴里坤西沟遗址1号墓发掘简报〉,

《文物》5期, 文物出版社, 2016.

16  甘肅省文物考古研究所,《西戎遺珍》, 文物出版社, 2015.

17  강인욱,《유라시아 역사 기행》, 민음사, 2015.

18  王輝,〈甘肅发现的两周時期的"胡人"形象〉,《考古與文物》6期, 2013.

19  고깔모자 자체의 기원은 사카인이 아니라 훨씬 이른 시기로 올라간다.
    예컨대 기원전 16세기 터키 히타이트의 대표적 제사 유적에도
    고깔모자를 쓴 사람들이 있다. 이는 사카 문화의 기원이 근동 지역의
    청동기 시대에서 기원했다는 또 다른 방증도 된다. 다만 사카인의 기원은
    본고의 주제에서 많이 벗어나므로, 별고로 다루기로 한다.

20  이러한 인도-유럽계 주민들의 중국 서북방 진출과 관련하여 가장
    주목되는 세력은 월지다. 사서에 따르면 월지계 집단이 중국 서북부까지
    이주했음이 확인된다.

21  田廣金·郭素新, 앞의 책, 1986.

22  林澐,〈戎狄非胡論〉,《金景芳九五誕辰紀念文集》, 吉林文史出版社, 1996.

23  강인욱, 앞의 논문, 2010.

24  코발료프는 오르도스 고원 지역의 세력을 이 기록에 근거하여
    누번(樓煩)이라고 추정했다.(Ковалёв А.А., Происхождение хунну
    согласно данным истории и археологии. // Европа — Азия:
    Проблемы этнокультурных контактов. К 300-летию Санкт-
    Петербурга. СПб: 2002)

25  河北省文物研究所,《燕下都》, 文物出版社, 1996.

26  "燕東有朝鮮遼東, 北有林胡樓煩"

27  《史記》〈匈奴列傳〉, "其後燕有賢將秦開, 爲質於胡, 胡甚信之.
    歸而襲破走東胡, 東胡卻千餘里."

28  강인욱,〈기원전 9~3세기 요서지역의 고고학문화와 산융·동호〉,

《백산학보》106, 2016.

29  Kang, In Uk, "Newly found mold of Ordos style dagger from Kamigoden, Chiga Prefecture, Japan and its significance on interaction between steppe culture of Northern China and East Asia," *Ancient cultures on the Northern Area of China, Mongolia and Baikali and Siberia*, (Inner Mongolia Museum), 2015.

30  《三國志》卷三十〈魏書〉三十, "烏丸鮮卑東夷傳 第三十 辰韓. 辰韓在馬韓之東, 其耆老傳世, 自言古之亡人避秦役…有似秦人, 非但燕·齊之名物也." 이주해 온 사람들의 성격을 비단 인접한 연과 제의 사람들로만 한정하지 않고 진나라로도 확장해서 보고 있다.

31  〈太惊艳！汉文帝母亲薄太后陪葬金器被发现 龙首金花饰精美绝伦〉, 《新浪新聞》2021년 12월 14일.

32  주경미, 〈몽골 출토 흉노시대 금속공예품 연구〉, 《신라문화》37, 2011.

33  장은정, 〈흉노시대 북방문화와 한반도〉, 《북방 고고학 개론》, 중앙문화재연구원, 2018.

## 4. 유라시아와 동아시아 황금 문화의 만남

1  백영서, 〈Asian beauty를 찾아서: 아시아의 멋〉, 《'Asian Beauty' 연구보고서》, 아모레퍼시픽재단, 2017.

2  安志敏·安家瑗, 〈中国早期黄金制品的考古学研究〉, 《考古学报》3, 2008.

3  郭静云·郭立新, 〈邓家湾屈家岭文化祭坛上的冶炼遗迹考辨〉, 《南方文物》6期, 2020.

4  강인욱, 〈비파형동검의 유입과정에 대하여: 소흑석구 출토 동검의 재해석과 마제석검의 기원을 중심으로〉, 《요령지역 청동기문화의 전개와

한반도》한국청동기학회, 2010.

5   강인욱, 앞의 책, 2015.

6   과연 사카가 여왕 또는 왕이 존재했던 왕국(kingdom)이었는지는 정확하지 않다. 그들의 궁전 또는 수도로 볼 수 있는 고고학적 유적이 제대로 조사된 적이 없으며, 왕족급 고분이 대부분 도굴되었기 때문이다. 하지만 고대 근동 및 그리스의 기록에 보이는 사카가 고대 세계와 대등한 세력이었음을 감안하면, 이미 국가급의 사회 단계였음을 추정할 수 있다.

7   카를 바이파코프 지음, 최문정·이지은 옮김,《카자흐스탄의 실크로드》, 국립문화재연구소 미술문화재연구실, 2017.

8   고고학이 아니라 문헌사상 스키타이, 즉 그리스와 인접했던 스키타이를 말한다.

9   이 부분에 대해서 다소 논란이 있다. 석가모니의 활동 시기가 기원전 7세기 중엽으로, 본고에서 서술하는 사카 문화의 주요 시기보다 이르기 때문이다(강인욱, 앞의 책, 2015, 49~50쪽).

10  타흐티 쿠와드(Takht-i Kuwad)라는 지역에서 1877~1880년에 수집된 것(Curtis, J., "The Oxus treasure in the British museum," *Ancient Civilizations from Scythia to Siberia*, 10(3-4), 2004, pp.293~338.)으로, 관련된 국가 간 논쟁은 5장에서 따로 서술했다.

11  Curtis, J., 위의 논문, 2004.

12  Yablonsky, L.T. & Treister, M.Y., "New archaeological data on achaemenid influences in the southern Urals," *Ancient civilizations from Scythia to Siberia*, 25(1), 2019.

13  강인욱, 〈사카 황금 문화의 확산과 고대 실크로드의 형성〉, 《카자흐스탄 초원의 황금 문화: 한국카자흐스탄 공동조사보고서》, 국립문화재연구소·카자흐스탄국립박물관, 2018.

14 Литвинский,Б.А., Древние кочевники 'Крыши Мира', -М,-269,-Наука, 1972.

15 "상송"은 음차한 것으로 당나라 시절 문헌에서는 "羊同"이라고도 했고, "香雄", "祥雄" 등으로도 불렀다. 정식 티베트어 표기로는 "Zhang zhung"이라고 쓰며 '쨩쫑', '상슝' 등으로도 발음한다.

16 張亞莎, 《西藏的岩畵》, 靑海人民, 2006; 張增棋, 〈云南靑銅器的'動物紋'牌飾及 北方草原文化遺物〉, 《考古》9期, 1987; 故宮博物院·四川省文物考古硏究院, 《穿越橫断山脉:康巴地区民族考古综合考察》, 四川出版集團 2008.

17 동북아역사재단 엮음, 《사기 외국전 역주》, 동북아역사재단, 2009.

18 강인욱, 〈중국 서남부 고원지역 차마고도 일대와 북방초원지역 유목문화의 교류〉, 《중앙아시아연구》18-2, 2013.

19 알타이와 남부 시베리아에 존재했던 중앙아시아 토착의 인도유럽인 계통의 민족으로 비정된다.

20 알타이 우코크고원의 아크-알라하 고분 출토가 대표적이다(N.V. 폴로스막 지음, 강인욱 옮김, 《알타이 초원의 기마인》, 주류성, 2016).

21 Адрианов и др., Степная Полоса Азиаской части СССР в скифо-сарматское время -Археология СССР, 1992.

22 Новикова О.Г., Степанова Е.В., Хаврин С.В., Изделия с китайским лаком из пазырыкской коллекции Государственного Эрмитажа // Теория и практика археологических исследований. Сб. науч. тр. Вып. 7. Барнаул, 2013.

23 李零, 〈论西辛战国墓裂瓣纹银豆─兼谈我国出土的类似器物〉, 《文物》9期, 2014.

24 趙德云,〈凸瓣纹银, 铜盒三题〉,《文物》7期, 2007; Трейстер М.Ю.,
Переднеазиатские бронзовые сосуды из Южного Приуралья
// Влияния ахеменидской культуры в Южном Приуралье(V-
III вв. до.н.э), Т I,II, Москва, 2012.

25 劉鳳鳴,〈齐国开辟了"东方海上丝绸之路"〉,《齐鲁文化研究》29, 2009.

26 江上波夫,〈徑路刀考〉,《アジアの文化史研究》, 1929.

27 강인욱, 앞의 논문,《호남고고학보》, 2016.

28 《사기》〈흉노열전〉 "其明年春, 漢使驃騎將軍去病將萬騎出隴西,
過焉支山千餘里, 擊匈奴, 得胡首虜(騎) 萬八千餘級,
破得休屠王祭天金人"

29 《사기집해(史記集解)》 "匈奴祭天処本在云阳甘泉山下, 秦夺其地,
後徙之休屠王右地, 故休屠有祭天金人, 象祭天人也"

30 《사기색은(史記索隱)》 "作金人以为祭天主", "胡祭以金人为主,
今浮图金人是也"

31 劉艶艶,〈"金人"形象浅析〉,《北方文學》, 2011.

32 중앙문화재연구원 엮음,《흉노의 고분》, 진인진, 2020.

33 치헤르틴 저의 전차 부속과 목관에서 측정된 탄소 연대치로도 증명된다.
전차구에 부착된 목탄을 측정한 연대는 2195±20(360~197BC, AA11162),
2230±20(380~206C AA111164)이 나왔고, 목관은 2130±30(350~50BC,
IAEA C7)이 나왔다.

34 김열규,〈동북아 맥락 속의 한국신화: 금관의 무속신화적 요소를
중심으로 한 한국 고대와의 관계〉,《보고논총》81-1, 1981.

35 동북아역사재단 엮음, 앞의 책, 2009.

1   강인욱, 《테라 인코그니타》, 창비, 2021.

2   Гос. Эрмтаж, Шлиман. Петербург. Троя. // СПб: 《Славия》, 1998.

3   Назарбаев, Н.А., Семь граней Великой степи. Казахстанская правда, 21, 2018.

4   아랄해에서 발원하는 아무다리야강과 시르다리야강 사이의 지역을 의미한다. 현대 국경으로 보면 우즈베키스탄의 대부분을 차지하며 그 밖에 타지키스탄, 투르크메니스탄, 카자흐스탄의 일부 지역도 해당된다. 옥수스강 바깥의 땅이라는 뜻이며, 박트리아와 소그드 문명의 중심 발원지로 근동의 메소포타미아에 비견되는 중앙아시아의 대표적 문명 지역으로 간주되었다. 이 강이 특히 서구권에 널리 알려진 이유는 알렉산더 제왕이 이 지역까지 진출하면서 '트란스옥시아나'라고 불렀기 때문이다. 2500년 전 알렉산더가 활동할 당시 이 두 강은 페르시아 근동 세계의 동쪽 끝인 동시에 '투란'이라고 하여 중앙아시아가 시작되는 출발점이기도 했다.

5   Сарианиди В.И. Храм и некрополь Тиллятепе. // М.: 1989.

6   발굴 당시의 기록은 사리아니디와 함께 발굴한 고고학자 블라디미르 부르이의 회고록을 참고했다. https://ru.sputnik.kg/20190208/afganistan-zoloto-arheologiya-baktrij-1043252061.html

7   예술의전당·동아일보사, 《스키타이 황금문명: 유라시아 초원에서 한반도까지》, 2011.

8   BBC 인터넷 뉴스 러시아판 11월 27일자 보도 "Скифское золото из музеев Крыма вернулось в Украину" 참조.

9  관련 자료는 정무정의 논문(〈한국전쟁과 국보해외소개 그리고 록펠러재단〉,
   《한국근현대미술사학》 40, 2020)과 장상훈의 글(〈아카이브 기행〉《박물관
   신문》, 국립중앙박물관, 2020~2021)에서 구체적인 정보를 확인할 수 있다.
10  아라키 준, 〈일제식민지기 금관총 출토유물을 둘러싼 다층적 경합〉,
   《한국사연구》 174, 2016.

## 6. 불멸의 아름다움, 황금의 재발견

1  에드워드 H. 셰이퍼 지음, 이호영 옮김, 《사마르칸트의 황금 복숭아:
   대당제국의 이국적 수입 문화》, 글항아리, 2021 (원서는 1963년 출간).

# 참고문헌

**국내 자료**

N.V. 폴로스막 지음, 강인욱 옮김, 《알타이 초원의 기마인》, 주류성, 2016

가린-미하일롭스키 지음, 이희수 옮김, 《러시아인이 바라본 1898년의 한국, 만주, 랴오둥반도》, 동북아역사재단, 2010

강인욱 외, 《카자흐스탄 초원의 황금문화》, 국립문화재연구소, 2018

강인욱 외, 《흉노 제국의 미술》, 국립문화재연구소, 2020

강인욱, 《유라시아 역사 기행》, 민음사, 2015

강인욱, 《테라 인코그니타》, 창비, 2021

김동환·배석, 《금속의 세계사》, 다산에듀, 2015

동북아역사재단 엮음, 《사기 외국전 역주》, 동북아역사재단, 2009

배리 스트라우스 지음, 최파일 옮김, 《트로이 전쟁》, 뿌리와이파리, 2010

에드워드 H. 셰이퍼 지음, 이호영 옮김, 《사마르칸트의 황금 복숭아》, 글항아리, 2021

이난영, 《한국 고대의 금속공예》, 서울대학교출판문화원, 2012

전용일, 《금속공예 기법》, 미술문화, 2006

중앙문화재연구원 엮음,《북방고고학개론》, 진인진, 2018

중앙문화재연구원 엮음,《흉노의 고분》, 진인진, 2020

카를 바이파코프 지음, 최문정·이지은 옮김,《카자흐스탄의 실크로드》,

　　국립문화재연구소 미술문화재연구실, 2017

클레어 필립스 지음, 김숙 옮김,《장신구의 역사》, 시공사, 1999

한국정신문화연구원,《한국고대문화와 인접문화와의 관계》,

　　한국정신문화연구원, 1981


강인욱,〈기원전 4~서기 1세기의 고고학자료로 본 흉노와 동아시아:

　　흉노학의 정립을 위한 토대구축을 겸하여〉,《중앙아시아연구》15,

　　2010

강인욱,〈기원전 9~3세기 요서지역의 고고학문화와 산융·동호〉,《백산학보》

　　106, 2016

강인욱,〈북방 유라시아 초원지역과 한반도 교류의 고고학: 기원전

　　4~2세기대 사카계 문화의 유입을 중심으로〉,《한국상고사학보》100,

　　2018

강인욱,〈비파형동검의 유입과정에 대하여: 소흑석구 출토 동검의 재해석과

　　마제석검의 기원을 중심으로〉,《요령지역 청동기문화의 전개와

　　한반도》, 한국청동기학회, 2010

강인욱,〈완주 상림리 유적으로 본 동아시아 동검 문화의 교류와 전개:

　　동주식검(東周式劍)의 매납과 청동기 장인의 이주를 중심으로〉,

　　《호남고고학보》54, 2016

강인욱,〈중국 서남부 고원지역 차마고도 일대와 북방초원지역 유목문화의

　　교류〉,《중앙아시아연구》18-2, 2013

강인욱,〈초기 고조선 네트워크의 형성과 비파형동검문화: 기술, 무기,

제사를 중심으로〉《한국고고학보》106, 2018

강인욱, 〈흉노 유적 출토 명문자료에 대한 일고찰〉,《한국상고사학보》75, 2012

김열규, 〈동북아 맥락 속의 한국신화: 금관의 무속신화적 요소를 중심으로 한 한국 고대와의 관계〉,《보고논총》81-1, 1981

백영서, 〈Asian beauty를 찾아서: 아시아의 멋〉,《'Asian Beauty' 연구보고서》, 아모레퍼시픽재단, 2017

아라키 준, 〈일제식민지기 금관총 출토유물을 둘러싼 다층적 경합〉, 《한국사연구》174, 2016

양시은·G. 에렉젠, 〈몽골지역 흉노시대 분묘연구〉,《중앙고고연구》22, 2017

오재진 외, 〈몽골 치헤르틴 저 흉노 무덤의 특징과 의의〉,《중앙고고연구》26, 2018

이송란, 〈흉노 금관 연구: 내몽고 서구반M4호묘의 금관을 중심으로〉 《미술사학》35, 2018

이영희, 〈금속공예 연구의 현황과 전망〉《미술사학》21, 2007

이영희, 〈금속공예의 누금세공기법 연구: 고신라 고분출토품을 중심으로〉 《미술사학연구》225·226, 2000

장은정, 〈흉노시대 북방문화와 한반도〉,《북방 고고학 개론》, 중앙문화재연구원, 2018

정무정, 〈한국전쟁과 국보해외소개 그리고 록펠러재단〉, 《한국근현대미술사학》40, 2020

주경미, 〈고대의 금속공예 제작 기술〉,《유물에 담긴 고대의 과학》, 한성백제박물관 2022 겨울방학 교사직무연수 자료집, 2022

주경미, 〈몽골 출토 흉노시대 금속공예품 연구〉,《신라문화》37, 2011

주채혁, 〈황금 '엘' 신상과 김씨네의 '제천금인'〉,《강원사학》19·20, 2004

조선일보사, 《소련 국립에르미타주 박물관 소장: 스키타이황금》, 1991

G. 에렉젠, 〈헤를렌 강변에 위치한 흉노 도성들의 특징과 용도〉,《몽골
　　고아 도브 흉노 유적》, 국립중앙박물관·몽골과학아카데미
　　역사학고고고학연구소·몽골국립박물관, 2017

예술의전당·동아일보사,《스키타이 황금문명: 유라시아 초원에서
　　한반도까지》, 2011

## 해외 자료

• 러시아어

Назарбаев, Н.А., Семь граней Великой степи. Казахстанская
　　правда, 21, 2018

Новикова О.Г., Степанова Е.В. & Хаврин С.В., Изделия
　　с китайским лаком из пазырыкской коллекции
　　Государственного Эрмитажа // Теория и практика
　　археологических исследований. Сб. науч. тр. Вып. 7.
　　Барнаул, 2013

ČUGUNOV, K. V., PARZINGER, H. & NAGLER, A., Der skythenzeitliche
　　Fürstenkurgan Aržan 2 inTuva, 2010

Адрианов и др., Степная Полоса Азиаской части СССР в
　　скифо-сарматское время -Археология СССР, 1992

Айбабин, А., Гунны в равнинном Крыму. Нижневолжский
　　археологический вестник, 18(2), pp.47-61, 2019

Акишев К.А., Искусство и мифология саков. Алма-Ата: 1984

Акишев К.А., Курган Иссык. Искусство саков Казахстана, М.:

《Искусство》, 1978

Алексеев А.Ю., Золото скифских царей. СПб., 2012

Бейсенов А. З., Исмагулова А. О. , Китов Е. П. , Китова А. О.
    Население Центрального Казахстана в I тысячелетии
    до н. э. – Алматы : Институт археологии им. А. Х.
    Маргулана, 2015

Боталов С.Г., Эпоха Великого переселения народов и раннее
    Средневековье Южного Урала (II – VIII века), // История
    Южного Урала, том. 3, 2017

Гос. Эрмтаж, Шлиман. Петербург. Троя. // СПб: 《Славия》, 1998

Грушин С.П. и др., Алтай в системе металлургических
    провинций бронзового века : сб. науч. трудов / Отв. ред.
    С.П. Грушин. –Барнаул: Изд-во Алт. ун-та, 2006

Грушин, С.П., Папин, Д.В., Позднякова, О.А., Тюрина, Е.А.,
    Федорук, А.С., Хаврин, С.В. and Кирюшин, Ю.Ф., 2009,
    Алтай в системе металлургических провинций энеолита
    и бронзового века

Дэвлет М.А., Сибирские поясные ажурные пластины II в. до н.э.
    — I в. н.э. / САИ. Вып. Д4-7, 1980, 66 с. + 29 табл

Засецкая И.П., (ред.). Сокровища сарматов, 2008

Засецкая И.П., Искусство звериного стиля сарматской эпохи (II
    в. до н.э. – начало II в. н.э.), 2019

Засецкая И.П., кочевники в южнорусском степпе в гуннском
    периоде, 1994

Засецкая И.П., Сокровища Кургана Хохлач Новочеркассикий

клад, 2013

Засецкая, И.П., Золотые украшения гуннской эпохи: по материалам Особой кладовой Гос. Эрмитажа. Аврора, 1975

Иванов, В.А., Южный Урал в раннем Средневековье. Электронный научно-образовательный журнал" История", (S5), 2015

Ковалёв А.А., Происхождение хунну согласно данным истории и археологии. // Европа — Азия: Проблемы этнокультурных контактов. К 300-летию Санкт-Петербурга. СПб: 2002

Литвинский,Б.А., Древние кочевники 'Крыши Мира', -М,-269,- Наука, 1972

Минасян Р. С., Металлообработка в древности и Средневековье / Р. С. Минасян ; Государственный Эрмитаж. - СПб.: Изд-во Гос. Эрмитажа, 2014, - 472 с.: ил

Мухтарова Г.П. и др., Тайна золотого человека, Государственный историко-культурный заповедник-музей Иссык 2016

Радюш, О.А. & Щеглова, О.А., Волниковский «клад» 1-й половины V в. н. э. в контексте синхронных древностей эпохи великого переселения народов. In Волниковский «клад». Комплекс снаряжения коня и всадника 1-й половины V в. н. э. Каталог коллекции. (pp. 4-27). Голден-Би, 2014

Руденко, К.А., Булгарское золото: филигранные височные подвески. Древности Биляра, 2011

Самашев, З. С., Веселовская, Е. В., & Васильев, С. В., "ЗОЛОТОЙ" ВОИН ИЗ САКСКИХ КУРГАНОВ ТАРБАГАТАЯ, Вестник Московского университета. Серия 23. Антропология, (4), 2019

Сарианиди В.И., Храм и некрополь Тиллятепе. // М.: 1989

Сутягина Н. А., Лаковые изделия из погребений могильника Бугры в Алтайском крае //Древние культуры Северного Китая, Монголии и Байкальской Сибири : мат. междунар. конф. в Хух-Хото. Т. 2: Хух-Хото, 2015

Трейстер М.Ю., Переднеазиатские бронзовые сосуды из Южного Приуралья // Влияния ахеменидской культуры в Южном Приуралье(V-III вв. до.н.э), Т I,II, Москва, 2012

Уманский А.П., Погребение эпохи «великого переселения народов» на Чарыше.// Древние культуры Алтая и Западной Сибири. Новосибирск: 1978

Чугунов К.С. и др., Аржан-источник в длине царей, Археологические открытые в Туве, СПб, 2004

Чугунов, Исследования кургана 1 могильника Бугры в предгорьях Алта, Археологический сборник. 41. Материалы и исследования по археологии Евразии. СПб: Изд-во Гос. Эрмитажа. 2017

Чугунов, Исследования на Бугры, Археологический сборник 41, Эрмитаж, 2017

Шавкунов Э.В., Согдийско-иранские элементы в культуре бохайцев и чжур-чжэнэй // Проблемы древних культур Сибири. / Наука. Новосибирск, 1985

Шульга, П.И., Могильник скифского времени. Локоть-4а. федеральное государственное бюджетное образовательное учреждение высшего образования Алтайский государственный университет, 2003

• 영어

Bard, K.A., *An introduction to the archaeology of ancient Egypt*, John Wiley & Sons, 2015

Barry Cunliffe, *The Scythians nomad warriors of the Steppe*, Oxford, 2019

N. Witsen, *Noord en Oost Tartarye, Ofte Bondig Ontwerp Van eenige dier Landen en Volken Welke voormaels bekent zijn geweest*, Amsterdam MDCCV. First print: Amsterdam, 1692; Second edition: Amsterdam, 1705, Reprint in 1785

Piotrovsky, B., Galanina, L. & Grach, N., *Scythian Art. The legacy of the Scythian world: mid-7 th to 3 rd century B.C.*, Leningrad: Aurora, 1986

Radu Harhoiu & Daniel Gora, *Aurul migrațiilor, Das Gold der Völkerwanderungszeit* Editura Enciclopedică București, 2000

Curtis, J., "The Oxus treasure in the British museum," *Ancient Civilizations from Scythia to Siberia*, 10(3-4), 2004

Kang, In Uk, "Newly found mold of Ordos style dagger from Kamigoden,

Chiga Prefecture, Japan and its significance on interaction between steppe culture of Northern China and East Asia," *Ancient cultures on the Northern Area of China, Mongolia and Baikali and Siberia*, Inner Mongolia Museum, 2015

Kang, In Uk, "Early Relations of the Korean Peninsula with the Eurasian Steppe Sino platonic paper," *Sino-Platonic Papers* No.301, Philadelphia, 2020

Klemm D. & Klemm R., Mining in Ancient Egypt and Nubia. In: Selin H. (eds) *Encyclopaedia of the History of Science, Technology, and Medicine in Non-Western Cultures*, Springer, Dordrecht, 2008

Leusch V., Pernicka E. & Armbruster B., Chalcolithic gold from Varna – Provenance, circulation, processing, and function, *Metal of power – Early gold and silver, Landesmuseum fur vorgeschichte*, Halle, 2014

Liu, Y., Xi, T., Ma, J., Liu, R., Kuerban, R., Yan, F., Ma, Y. & Yang, J., Demystifying ancient filigree art: Microanalytical study of gold earrings from Dongheigou cemetery (4th-2nd century BCE) in north-west China, *Journal of Archaeological Science: Reports*, 41, 2022

Molodin V.I. & Kang In Uk, Yarkhoto-the new found Hunnu site in the east turkestan, China, *The archaeology, ethnography and anthropology of Eurasia* No 3, 2000

Renfrew, C., "Varna and the social context of early metallurgy," *Antiquity* 52(206), 1978

Rusev, R., Kuleff, I., Slavchev, V. & Boyadjiev, J., "New data about the probable source of raw material of gold artifacts of Varna Chalcolithic necropolis," *Review of the Bulgaria Geological Society* 69, 2008

Yablonsky, L.T. & Treister, M.Y., "New archaeological data on achaemenid influences in the southern Urals," *Ancient civilizations from Scythia to Siberia* 25(1), 2019

Yang, L., "Nomadic influences in qin gold," *Orientations* (Hong Kong) 44(2), 2013


• 중국어 · 일본어

甘肅省文物考古研究所 外,《清水劉坪》, 文物出版社, 2014

甘肅省文物考古研究所,《西戎遺珍》, 文物出版社, 2015

故宮博物院·四川省文物考古研究院,《穿越橫斷山脉:康巴地区民族考古綜合考察》, 四川出版集團 2008

關善明·孫機,《中國古代金飾》, 香港, 2003

國立故宮博物院,《嬴秦溯源: 秦文化特展》, 臺北, 2016

金旭東,《田野考古集粹:吉林省文物考古研究所成立二十五周年纪念》, 文物出版社, 2008

林幹,《匈奴史》, 内蒙古人民出版社, 2007

馬健,《匈奴葬儀的考古學探索—兼論歐亞草原東部文化交流》, 蘭州大學出版社, 2011

孫秉君·蔡慶良,《芮國金玉選粹陝西韓城春秋寶藏》, 三晋出版社, 2007

新疆文物考古研究所 外,《交河古城-1993,1994年度考古發掘報告》, 文物出版社, 1998

新疆維吾爾自治區,《新疆古墓葬, 新疆维吾尔自治区第三次全国文物普查成果集成》, 科学出版社, 2011

王林山等,《草原, 天马, 游牧人-伊犁哈萨克自治州文物古迹之旅 》, 伊犁人民

出版社, 2008

林梅村,《轴心时代的波斯与中国—张骞通西域前的丝绸之路》, 西北大学
　　出版社, 2021

張亞莎,《西藏的岩畫》, 青海人民, 2006

田廣金·郭素新,《鄂尔多斯式青銅器》, 文物出版社, 1986

河北省文物研究所,《燕下都》, 文物出版社, 1996

韓保全·程林泉·韓國河,《西安龍首原漢墓》, 西北大学出版社, 1999


甘肅省文物考古研究所 外,
　　〈2006年度甘肅張家川回族自治縣馬家塬戰國墓
　　　地發掘簡報〉,《文物》8, 2008

江上波夫,〈徑路刀考〉,《アシアの文化史研究》, 1929

郭素新·田廣金,〈西溝畔匈奴墓〉,《文物》7, 文物出版社, 1980

霍巍·李永宪,〈揭开古老象雄文明的神秘面纱—象泉河流域的考古调查〉,
　　《中國西藏》1期, 2005

郭靜雲·郭立新,〈邓家湾屈家岭文化祭坛上的冶炼遗迹考辨〉,《南方文物》
　　6期, 2020

喬梁,〈美玉与黄金—中国古代农耕与畜牧集团在首饰材料选取中的差异〉,
　　《考古与文物》5, 2007

段渝,〈商代黄金制品的南北系统〉,《考古与文物》2, 2004

譚盼盼·張翠敏·楊楊昌,〈大连营城子汉墓出土龙纹金带扣的科学分析
　　与研究〉,《考古》12, 2019

仝濤·李林輝,〈欧亚视野内的喜马拉雅黄金面具〉,《考古》2, 2015

呂紅亮,〈西喜马拉雅岩画欧亚草原因素再检讨〉,《考古》10期, 2010

劉鳳鳴,〈齐国开辟了"东方海上丝绸之路"〉,《齐鲁文化研究》29, 2009

李零,〈论西辛战国墓裂瓣纹银豆─兼谈我国出土的类似器物〉,《文物》9期,
　　2014

李水城,〈西北与中原早期冶铜业的区域特征及交互作用〉,《考古学报》3,
　　2005

林澐,〈欧亚草原有角神兽牌饰研究〉,《西域研究》3, 2009

林澐,〈戎狄非胡論〉,《金景芳九五誕辰紀念文集》, 吉林文史出版社, 1996

裴建隴,〈試论出土秦式短剑〉,《中国国家博物馆馆刊》3, 2017

西北大學文化遺産學院 外,〈新疆哈密巴里坤西沟遺址1号墓发掘简报〉,
　　《文物》5期, 文物出版社, 2016

新疆文物考古研究所,
　　　　〈1996年新疆吐魯番交河古城溝西墓地漢晋墓葬發掘
　　　　簡報〉,《考古》9期, 1997

安英新,〈新疆伊犁昭苏县古墓葬出土金银器等珍贵文物〉,《文物》9, 1999

安志敏·安家瑗,〈中国早期黄金制品的考古学研究〉,《考古学报》3, 2008

烏恩,〈欧亚大陆草原早期游牧文化的几点思考〉,《考古学报》4, 2002

烏恩,〈略论怪异动物纹样及相关问题〉,《故宫博物院院刊》3, 1994

烏恩,〈我国北方古代动物纹饰〉,《考古学报》1, 1981

王建新 外,〈新疆巴里坤县东黑沟遗址 2006~2007 年发掘简报〉,《考古》
　　1期, 2009

王輝,〈甘肃发现的两周时期的"胡人"形象〉,《考古與文物》6期, 2013

王輝,〈近年來戰國時期西戎考古學文化的新發現與新認識〉,《嬴秦溯源:
　　秦文化特展》, 國立故宫博物院, 2016

姚智輝,〈对古代错金, 鎏金工艺的再认识〉,《华夏考古》5, 2019

劉艳艳,〈"金人"形象浅析〉,《北方文學》, 2011

伊克昭盟文物工作站,〈內蒙古東勝市磚房渠發現金銀器窖藏〉,《考古》5,

科學出版社, 1991

伊克昭盟文物工作站,〈西溝畔漢代匈奴墓地調査記〉,《內蒙古文物與考古》
　　創刊號, 1981

張增棋,〈云南青銅器的'動物紋'牌飾及 北方草原文化遺物〉,《考古》9期,
　　1987

田廣金·郭素新,〈內蒙古阿魯柴登發現的匈奴遺物〉,《文物》4, 文物出版社,
　　1980

井中偉·李連娣,〈中國北方系青銅"花格"劍研究〉,《边疆考古研究》11,
　　2013

齊東方,〈中国早期金银器研究〉,《华夏考古》4期, 1999

曹建恩·孫金松,〈內蒙古清水河县西咀墓地发掘简报〉,《考古与文物》1期,
　　陝西省考古研究所, 2018

趙德雲,〈凸瓣纹银, 铜盒三题〉,《文物》7期, 2007

中國社會科學院考古研究所·西藏自治區文物保護研究所,〈西藏阿里地
　　区噶尔县故如甲木墓地2012年发掘报告〉,《考古学报》4期, 2014

中國社會科學院考古研究所新疆隊,〈新疆阿拉溝豎穴木槨墓發掘簡報〉,
　　《文物》1期, 文物出版社, 1981

陳平,〈试论宝鸡益门二号墓短剑及有关问题〉,《考古》4, 1995

塔拉·梁京明,〈呼魯斯太匈奴墓〉,《文物》7, 文物出版社


· 기타

〈"금 봤다!!!" 어디서? 어떻게?〉,《한겨레신문》2013년 3월 6일

〈Везли золото на $ 200 млн без охраны по Афганистану —
　　рассказ археолога〉,《SPUTNIK》2019년 2월 8일

〈무덤 도굴당한 조조, 中 희대의 도굴꾼〉,《연합뉴스》2010년 1월 1일

〈아프간 '황금 유물' 어쩌나..비밀창고 막아선 카불 박물관장〉, 《한겨레신문》
2021년 8월 17일

〈太惊艳! 汉文帝母亲薄太后陪葬金器被发现 龙首金花饰精美绝伦〉,
《新浪新闻》 2021년 12월 14일


https://ru.sputnik.kg/20190208/afganistan-zoloto-arheologiya-baktrij-
1043252061.html (2022년 2월 검색)

https://www.index.go.kr/potal/stts/idxMain/selectPoSttsIdxMainPrint.do?id
x_cd=1671&board_cd=INDX_001 (2019년 6월 검색)